구순(九旬)의 노 화백과 젊은 목사와의 대화

서로 사랑할 때 행복합니다

서로 사랑할 때 행복합니다

초판 1쇄 인쇄 | 2024년 12월 15일
저자 | 김덕기·이은성
편집자 | 박광영
펴낸이 | 이재욱(필명:이승훈)
펴낸곳 | 해드림출판사
주　소 | 서울 영등포구 경인로82길 3-4(문래동1가 39)
　　　　센터플러스빌딩 1004호(우편07371)
전 화 | 02-2612-5552
팩 스 | 02-2688-5568
E-mail | jlee5059@hanmail.net

등록번호　제2013-000076
등록일자　2008년 9월 29일

ISBN　979-11-5634-613-5

* 이 책은 전라남도 및 전라남도문화재단의 일부 지원을 받아 발간하였습니다.

서로 사랑할 때 행복합니다

구순(九旬)의 노화백과 젊은 목사와의 대화

김덕기 · 이은성

해드림출판사

펴내는 글

　지금 이곳 이 자리에서도 인생의 아름다움을 느끼며 사는 행복을 주신 하나님께 감사합니다. 하나님의 주권적인 인도하심 따라 순천으로 내려와 첫해를 보내며 분주하게 보내던 2021년의 이맘 때 저희 교회 장로님이신 김덕기 화백님과의 대화는 시작되었습니다. 그 후 어느덧 꽉 찬 3년의 세월이 지나는 동안 함께했던 대화는 소중한 추억이 되어 소복이 쌓여 왔습니다. 뽀얀 아이의 속살처럼 연인들의 속삭임처럼 비밀스러운 소소한 일상이기에 누구에게 내어 놓기를 결정하기가 선뜻 용기가 나지 않았습니다. 하지만 이번 전시회가 작품 전시회를 넘어 화백님의 다양한 삶의 모습을 날것으로 보여주시고자 하신다기에 부끄러움을 무릎 쓰고 전시회의 소재가 되기를 기뻐하며 수락했습니다.

　화백님은 예술계의 원로이시고 아름다운 작품들의 부모요 하나님의 창조의 손길의 아름다움을 그림으로 찬양하는 신앙인이십니다. 모든 면에서 고명하신 장로님이심에도 40년이 훌쩍 넘는 나이 차이와 짧은 관계의 밀도에도 불구하고 열린 마음으로 대해주시고 같은 시대를 살아가는 동반자로 존중해주심에 다시 한 번 감사를 표합니다. 언젠가 '노년이 주는 권위가 있어 순간 찾아오는 교만을 떨치려 애쓰신다'는 화백님의 말씀이 기억납니다. 그 말씀처럼 건강과 가정사의 힘드심에도 아직도 많은 작품 활동과 여러 격려의 자리를 겸손하고도 성실하게 섬기시는 모습에 한없는 존경을 표합니다. 그런 의미에서 이번 전시회가 작품을 넘어 화백님의 삶에 대한 존경으로 이어지기를 바라고 함께하는 우리 모두에게는 화백님의 사랑의 온기가 전해지는 행복한 시간이 되기를 바랍니다.

2024년 12월

이은성 목사

아름다운 추억(2019)

| 국가정원의 봄(2023)

| 모란(2022)

화보

추수감사 주일예배를 마치고(2024)

| 국가정원에서 스케치(2023)

목차

펴내는 글 · 이은성　4

화보 · 6

두 분의 대화를 묶으면서 · 박광영　256

2021년　**마음 열기**　　　　　　　　　　13
　　　　　대화를 시작하다

2022년　**믿음**　　　　　　　　　　　　17
　　　　　관심과 격려로 깊어지는 교제

2023년 **소망**   **71**
삶에 대한 나눔과 섬김

2024년 **사랑**   **169**
일상에서 믿음·소망·사랑을
고백하는 시간

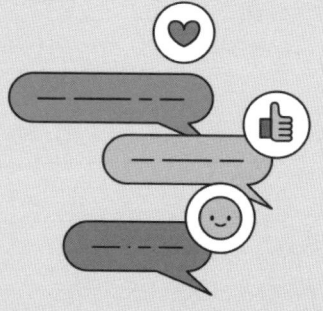

2021년
마음 열기
—
대화를 시작하다

창포와 장미(2019)

2021년 9월 25일

玄愚 화백

    목사님! 김덕기 장로입니다. 어제저녁에 보내주신 선물 잘 받았습니다. 저희가 보내드려야 하는데 거꾸로 되었네요. 고맙습니다. 아내가(김순엽 권사) 척추뼈를 다쳐서 시술받고 재활 중이어서 한동안 교회도 못 나갔습니다. 노인이라 회복이 더디다고 합니다. 늘 건강하세요.

담임 목사

    네 장로님! 늘 강건하시고 평안하시기를 기도합니다. 권사님이 심하게 다치셨나 봅니다. 코로나 끝나고 멋지게 작품전 하셔야 하는데 마음이 많이 안 좋으시겠네요. 거동이 힘드시니, 여러모로 불편하시겠습니다. 회복을 위해 기도하겠습니다. 감사합니다. 오늘도 좋은 하루 되시구요. 샬롬~!

玄愚 화백

    내년 작품전을 위해 순천시 관계자와 협의를 계속하고 있는데 도움이 될 것 같습니다. ^^

담임 목사

　네 장로님! 모든 것을 회복하고 하고자 하시는 대로 멋진 작품 활동이 이루어지시기를 기도하겠습니다.

玄愚 화백

　고맙습니다.

2021년 12월 22일

玄愚 화백 : 사진

담임 목사

　샬롬~!! 감사합니다. 장로님! 따뜻한 팥죽 한 그릇 두둑이 먹은 듯합니다. 날씨가 추워지고 있는데 늘 강건하시고 권사님도 기력에 솟아나기를 기도합니다. 좋은 하루 되시구요. 감사합니다.

玄愚 화백

　목사님이 계셔서 든든합니다. 내년 구순전을 위해서 열

심히 준비하고 있으니 기도해 주세요.

담임 목사

네 장로님! 빨리 상황이 좋아져 장로님 권사님 작품 보고 싶네요. 권사님의 건강도 더 회복되기를 위해서 기도하겠습니다. 감사합니다.

2021년 12월 24일

玄愚 화백 : 동영상

담임 목사

샬롬~! 장로님! 멋진 트리 감사합니다. 성탄의 기쁨이 충만하시기를 기도합니다.

2022년
믿음

관심과 격려로 깊어지는 교제

| 우정(2024)

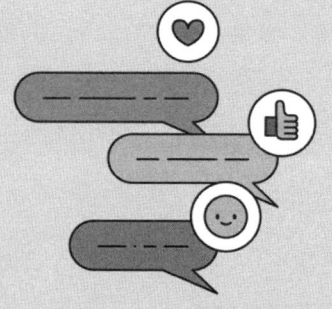

2022년 1월 1일

玄愚 화백 : 동영상

담임 목사

    샬롬~! 새해 더 강건하시기를 기도합니다. 작년에 하지 못한 전시회 올해는 꼭 하시기를 바라고, 그러기 위해서 장로님 권사님 항상 기력이 넘치도록 기도하겠습니다. 감사합니다. 장로님!

2022년 1월 26일

玄愚 화백 : 사진

담임 목사

    샬롬~! 장로님 감사합니다. 장로님과 장미는 떼려야 뗄 수 없는 관계인가 보네요. 장미꽃들이 장로님의 얼굴처럼 환환 빛과 아름다움을 전해줍니다. 늘 강건하시고 평안하세요.

2022년 1월 31일

玄愚 화백 : 사진

玄愚 화백

    목사님. 집사람의 다리 통증이 낫지 않아서 계속 비대면으로 예배드리고 있어서 못 뵈었습니다. 설 명절 잘 보내시기 바랍니다. ♡♡

담임 목사

    네 장로님! 권사님께서 몸이 자주 안 좋으시네요. 새해에는 하나님께서 기력을 더하시고 강건케 하셔서 코로나를 넘어 작품전까지 잘할 수 있기를 소망합니다. 새해 복 많이 받으시구요. 늘 평안하시기를 기도합니다. 감사합니다.

玄愚 화백

    얼마 전까지만 해도 뭐든지 두려움 없이 잘 해낼 수 있었는데 이젠 자꾸만 망설이게 됩니다.
    그래도 목사님이 힘을 더해주셔서 든든합니다. 성은을 입은 노화가의 기백을 보여줄 겁니다. 목사님. 고맙습니

다. ^^

담임 목사

　네 장로님! ^^ 장로님께서는 누구보다 잘 해오셨고 누구보다 잘해 내실 거라 믿습니다. 겨울이 가고 봄이 오고 때가 되면 코로나도 가고 장미와 함께 장로님과 권사님의 아름다운 작품들도 넘쳐나리라 기대됩니다. 화이팅입니다. 장로님!!

2022년 2월 15일

玄愚 화백 : 사진

담임 목사

　샬롬~! 장로님 감사합니다. 새벽기도 준비하러 나오는 길에 달이 둥글둥글하다 했더니 어느새 대보름이군요. 밝은 보름달처럼 장로님의 가정과 한 해의 시간 시간들을 주님께서 밝혀주시기를 기원합니다. 아직 날씨가 추운데 강건하시구요. 감사합니다.

玄愚 화백

　어제까지는 따뜻한 것 같았는데 오늘 새벽은 좀 차가웠어요. 목사님 감기 조심하세요. 오늘은 정월 대보름인데 오곡밥은 드셨는지요. 대접해 드리지도 못하면서 이럴 때마다 목사님 생각이 납니다. 마음만 있으면 무엇합니까. 늙은이를 용서하세요. 오미크론 어려운 시기를 잘 이겨내시기를 기도합니다.

담임 목사

　감사합니다. 장로님! 우리교회 권사님들이 장로님 마음 같으신지 오곡밥을 다 주시네요. ^^ 잘 먹고 있습니다. 장로님도 코로나 잘 이겨내시구요. 권사님도 강건하시구요. 감사합니다.

玄愚 화백

　잘하셨네요. 늘 평안하세요 ^^

담임 목사 : 이모티콘

2022년 2월 17일

玄愚 화백 : 사진

담임 목사

    장로님! 대심방 중이라 이제 답장합니다. 정말 봄이 오는지 겨울의 마지막 몸부림처럼 날씨가 많이 춥네요. 따뜻하게 지내시구요. 평안한 하루 되시구요.

2022년 2월 25일

玄愚 화백 : 동영상

담임 목사

    감사합니다. 장로님! 감동적인 이야기와 좋은 음악을 듣고 하루를 시작하니 은혜가 됩니다. 코로나의 시절이 빨리 끝나 자유롭게 활동하시기를 기다리고 기도하겠습니다. 사랑합니다. 장로님!

玄愚 화백

    며칠째 계속되고 있는 꽃샘추위 속에서도 저희 집 울타리에는 노오란 개나리가 활짝 피었어요. 화가들이 그리도 기다렸던 봄은 어김없이 오는데 자꾸만 의욕을 꺾게 하는 코로나 팬데믹이 상실감을 더해갑니다. 그런 나를 위해 늘 힘을 더해주시는 목사님이 계셔서 희망의 끈은 놓지 않고 있어요. 고맙습니다. 목사님. ^^

담임 목사

    아무리 추위도 봄은 오고야 말고, 아무리 어두워도 광명은 찾아오듯, 반복되는 코로나의 시절도 끝이 올 줄 믿습니다. 어둠이 깊은 후에 새벽의 여명이 시작되듯, 지금이 그 시간들 아닌가 싶습니다. 기대와 소망처럼, 일상의 새봄이 오기를 기도하겠습니다. '장로님! 권사님!'의 만개한 장미 그림과 아름다운 화폭을 기다리는 많은 사람들에게, 웃음과 행복을 나누는 그 날을 위해 기도하겠습니다. 감사합니다. 장로님! 좋은 하루 되세요! 오늘부터 3일간 교회에서는 부흥회가 있는데 기도 많이 해주세요.

玄愚 화백 : 사진

玄愚 화백

　내 하얀 캔버스에는 이렇게 장미가 피어나는데~~ 은총이 넘치는 부흥회 되시길 기도합니다.

담임 목사 : 이모티콘

2022년 3월 16일

玄愚 화백 : 동영상

담임 목사

　정말 예쁘네요. 생명의 기운이 만들어낸 작품이네요. 장로님이 그리시는 모습을 순간순간 담으면 이렇게 피어오르듯 합니다.

　새봄에 만물을 새롭게 하시는 하나님의 손길이 장로님을 통해서도 펼쳐지시기를 기도합니다. 강건하세요.

玄愚 화백

　며칠째 봄기운이 느껴지는 날씨에 여기저기 꽃소식이

들려옵니다. 지금 문화의 거리(순광교회 앞) gallery 하얀에서 개관전이 열리고 있는데 최신작 2점을 출품했습니다. 혹시 지나시는 기회가 있으시면 보실 수 있을 겁니다. 늘 기도해 주셔서 힘이 됩니다.

玄愚 화백 : 사진

담임 목사 : 이모티콘

2022년 3월 30일

玄愚 화백 : 동영상

玄愚 화백

    목사님 추억의 명화입니다. 좋은 음악과 그림 그리고 추억의 영화의 장면들을 대하게 되면 함께 즐거움을 나누고 싶어서 보내게 됩니다. 몸은 늙어가도 보는 것, 듣는 것, 그리는 것 모두가 젊고 화사해지기만 합니다. 이런 현상을 미술에서는 '부조화의 조화'라고 한답니다. 계획했던 회고전은 코로나 땜에 시기를 조율하고 있습니다. 작품 점검도 착실히 해나가고 있구요. 늘 기도해 주시는 목사님이 계셔서 든든합니다.

담임 목사

네 장로님! 좋은 추억을 나누어 주셔서 감사합니다. 자연 만물도 꽃 그림전을 하는 시기이네요. 장로님께서도 곧 하실 수 있게 될 겁니다. 늘 건강하시구요. 따뜻한 봄날 되세요.

2022년 4월 3일

玄愚 화백 : 동영상

玄愚 화백

목사님. 오늘 예배는 집에서 영상예배로 드렸어요. 이제 순천 동천에는 벚꽃이 만개했다고 지인이 동영상 만들어서 보내왔습니다. 늘 건강하세요. ♡♡

담임 목사

　네 장로님! 못 가뵀는데 좋네요. 봄기운이 전해져 옵니다. 엊그제 매산여고 음악관 내 예배당 준공식에 가서 설교했는데 교감 선생님이 장로님 사위라고 소개하시더라구요. 인사했습니다. ^^

　한 주도 강건하시고 권사님 건강도 더 쾌유하시기를 기원합니다. 감사합니다.

2022년 4월 21일

玄愚 화백 : 사진

담임 목사

　감사합니다. 장로님! 살아있는 것 같네요. ^^ 5월의 장미를 미리 주셨네요. 다양한 꽃들처럼 다양한 좋은 일들로 활짝 웃는 일이 많아지시기를 기원합니다. 샬롬~!!

玄愚 화백

　목사님. 최신작입니다. 30호 크기(높이가 1m)입니다.

담임 목사 : 이모티콘

玄愚 화백

전시회 준비 계속 진행 중입니다.

담임 목사

네 장로님! 코로나가 완전히 사라져 원활하게 진행되시기를 바랍니다.

2022년 5월 22일

담임 목사

장로님! 감사합니다. 제가 행복한 사람임을 다시 한번 깨닫게 되네요. 주님의 위로와 도우심이 특별히 주일인 오늘 더 크게 임하시기를 기원합니다.

담임 목사

영상을 보내셔서 못 오실 줄 알았더니, 얼굴 봬서 감사했습니다. 늘 강건하시기를 기도합니다. 샬롬~!

玄愚 화백

　집사람 챙기다가 못 갈 것 같았는데 목사님 보고 싶어서 기를 써서 갔었지요. 덕분에 은혜 많이 받고 왔어요. ♡♡

담임 목사

　감사합니다. 장로님! 한 주 좋은 일만 가득하세요.

담임 목사 : 이모티콘

2022년 6월 25일

玄愚 화백 : 사진

담임 목사

　감사합니다. 장로님! 오늘 여기 살아감은 누군가에게 빚지고 살아가는 것을 다시 한번 깨닫게 됩니다. 장로님께서도 믿음의 선배로 인생의 선배로 수고해 주심에 오늘 제가 있고 교회가 있고 이 시대가 있음에 감사를 드립니다. 늘 강건하세요.

玄愚 화백

　목사님! 지난주일 말씀(민족을 살리는 신앙)대로 오늘이 있기까지 그 필설로는 다할 수 없는 생사의 기로에서도 주님의 가호로 지금까지 복을 누리고 있으니 감사하지요. ^^

담임 목사

　네 장로님! 모든 것이 은혜입니다.

2022년 6월 26일

玄愚 화백 : 동영상

玄愚 화백

　목사님! 오늘 저희들 교회에 못 갔습니다. 크게 아픈 데는 없는데 갑자기 어지럼증이 느껴져서 쉬었어요. 주일 오후 평안하세요. ^^ 예배는 영상으로 함께 은혜받았어요. 감사합니다.

담임 목사

    네 장로님! 더워서 항상 조심하셔야 합니다. 6월 마지막 주가 되었네요. 한 달 잘 마무리하시고 새달에 더 좋은 일 많으시기를 기원합니다. 평안하세요.

2022년 7월 4일

玄愚 화백 : 동영상

담임 목사

    감사합니다. 장로님!! 무더위에 어떻게 지내시는지요? 좋은 영상 감사합니다. 내용도 큰 감동이지만 장로님의 그림도 누군가에게 큰 생기와 희망을 주십니다. 늘 수고가 많으시네요. 한 주도 강건하시고 평안하세요.

玄愚 화백

    있는 그대로 겸허한 마음으로 보여드리려고 하면서도 기대 이상의 찬사를 의식하게 되어 나이에 어울리지 않게 과욕을 갖게 되는 것 같아 조심하고 있어요. 지켜봐

주세요. 목사님!

담임 목사

    겸손의 말씀을요. 과하고 약함을 분별하실 수 있으니 그런 말씀도 하시는 것이라 생각됩니다. 그리고 장로님의 위치에서는 풍성한 찬사를 받아도 어색하지도 않고 꼭 맞는 옷처럼 잘 어울리는 일이라 생각됩니다. 마음껏 누리시고 즐거워하셔야 또 다른 창작의 동력이 생기시죠. ^^ 바닷가에 온 기분입니다. 감사합니다.

담임 목사 : 이모티콘

玄愚 화백

    맘껏 응원해 주시는 목사님이 계셔서 든든합니다. ^^

玄愚 화백 : 사진

玄愚 화백

    결혼 65주년입니다.

담임 목사

축하드립니다. 금혼을 넘어 두 번째 은혼에 가까워져 오시네요. 백년해로하시도록 강건하세요. ^^

玄愚 화백

진짜 사진은 3주 후에 완성된다네요. 딸애가 스마트폰으로 찍은 겁니다. ^^

담임 목사

네 장로님! 선남선녀이십니다. ^^

玄愚 화백

예쁘게 봐주셔서~ㅎ

2022년 7월 16일

玄愚 화백 : 동영상

玄愚 화백 : 사진

담임 목사

샬롬~!! 오늘 하루도 강건하시구요. 주말 행복하세요. 오늘 유치부 성경학교로 교회학교 여름 사역이 시작됩니다. 기도해 주세요. 감사합니다.

玄愚 화백

네 여름 교회학교 개강 때마다 아주 옛적 저가 고등부 부장을 10년간 담임했었는데 지금도 은혜 충만 기쁨의 눈물을 쏟았던 젊은 날이 너무 생생합니다. ^^ 수박 헌금. 너무 신선한 느낌입니다!

담임 목사

네 장로님! 그 시절 뿌려놓은 씨앗이 지금을 잇고 있는 거죠

玄愚 화백 : 사진

담임 목사

감사합니다. 장로님! ^^

玄愚 화백

    직접 사드려야 하는데~~

담임 목사

    제가 사드려야 하는데요. 감사합니다. 점심 맛나게 드시구요.

2022년 7월 26일

玄愚 화백 : 동영상

玄愚 화백

    목사님. 너무 과로하지 마세요!

담임 목사

    네 장로님! 대심방은 멈추었습니다. 9월에 나머지 3교구 지역 시작하네요. 교회가 커서 한 해 내내 하게 되네요. 현재 200가정이 넘었습니다. 지금은 잘 쉬고 있구요. 이제 곧 휴가 기간이기도 하구요. 늘 기도해주셔서 감사합니다. 시원한 오후 되시구요.

玄愚 화백

전에는 대심방은 작은 축제와 같았는데~ 교역자님과 무릎 마주하고 서로 위로하고 축복해 주고 맛있는 회식도 하고~~ 어쩌다가 거리 두기에 비대면에 차 한 잔 정겹게 들지 못하고~ 아득히 먼 옛 얘기가 되어버린 듯한 그런 기분이네요. 200 가정을 심방 하셨으니 수고 많았습니다. 목사님과 모든 교역자님께 주님의 축복이 충만하시길 기도합니다. ♡♡

玄愚 화백

오늘 중복이라네요. ^^

담임 목사

감사합니다. 장로님!! 벌써 중복이군요. 시간은 왜 그렇게 빠른지요. 남은 하루도 좋은 시간되시구요.

2022년 7월 28일

玄愚 화백 : 사진

담임 목사

　감사합니다. 장로님!! 새벽에는 선선하더니 낮에는 뜨겁네요. 그래도 여름이 여름값 하네요. 그래야 가을도 가을값 하겠죠?!! 그런 의미에서 뜨거운 햇볕도 싫지 않네요. 주신 글귀처럼 감사의 제목 하나 찾고 시작합니다. 좋은 하루 되시구요. ^^

玄愚 화백

　여름이 여름값을 해야 가을도 가을값을 하게 된다는 말씀에 더위에 지친 노구(老軀) 노심(老心)에 청량한 회복제가 되었네요. ^^ 가을 회고전 준비에 심신이 지쳐있을 때마다 목사님의 격려가 얼마나 큰 힘이 되는지 사랑의 힘을 절감합니다. 망구(望九) 노작가의 기백(?)을 보여드려야 하는데~ 응원 부탁해요. 목사님

담임 목사

네 장로님! 기도하겠습니다. 너무 무리는 마시구요. 작품의 아름다움과 깊이는 작가가 누구인가에 의해서 이미 결정되었다 싶네요. 하나님의 어리석음이 사람보다 지혜롭고 하나님의 약하심이 사람보다 강하신 것처럼(고전 1:25), 같은 선과 색도, 똑같이 보이는 그림도 누가 그렸느냐에 따라서 이미 그 기백이 다른 것이기에, 장로님이 어떠한 작품을 내놓으셔도 이미 그 자체로 누구도 범접할 수 없는 기백이 나타날 거라 사료됩니다. 심지어 장로님의 낙서마저두요. ^^ 화이팅입니다. 장로님!!

2022년 7월 29일

玄愚 화백 : 사진

제목: 설악초설

玄愚 화백

불타듯 녹색의 불꽃 같은 산과 들이 이런 경치로 바뀌지겠지요. ^^ 아직 기력이 왕성했던 그 시절 만추의 설악산을 그리려고 아내와 양양에 있는 친지 별장에서 한 주간을 지냈던 시절. 화구 배낭 메고 길을 나서는데 간밤에 기온이 떨어져 멀리 보이는 설악산 봉우리에 하얀 눈이 내려앉아 있었어요. 겨울과 가을의 조화의 아름다움에 넋을 잃었던, 그날 아침에 그렸던 이 작품이 저의 명작이 되어 보는 이의 사랑을 넘치게 받았지요. ㅎ 나이답지 않게 주책을~~ 용서하세요. 목사님!

담임 목사

운전 중이어서 답이 늦었습니다. 결코 만날 수 없는 장면을 만나 명작이 되었네요. 그 타이밍을 잡을 수 있는 것도 그 타이밍의 장면을 화폭에 담을 수 있는 것도 생각지 못한 만남의 조화를 전할 수 있는 것도 명작에는 명인이 있기 때문이죠. 그 시절 그때의 가을과 겨울도 장로님께 고마워했을 것 같습니다. ^^ 저도 감사하네요. 그 작품을 보는 행운을 가졌으니까요. 장로님께서는 많은 사람을 행복하게 하시네요. 오늘도 장로님 덕에 결실을 기대하는 가을의 마음과 더위를 이기는 시원한 겨울을 담고 행복한 하루를 보내렵니다. ^^ 장로님께서도 좋은 하루 되시구요. 감사합니다.

玄愚 화백

 되로 주고 말로 받는다더니 너무 큰 위안을 받습니다. 고맙습니다. ^^

담임 목사 : 이모티콘

2022년 7월 31일

玄愚 화백

 목사님! 비바람이 거세지려는 주일 오후입니다. 저희 두 사람 온라인으로 예배드렸습니다. "아름다운 人生은 좋은 추억을 먹고 산다" 어쩌면 말씀의 모델이 저희 두 사람의 삶을 그대로 그린 듯 가슴이 아려오면서 오직 말씀에 몰입했던 귀한 시간이었습니다. 저희가 함께했던 65년의 삶의 희로애락의 온갖 기억 중에서 그래도 좋은 추억이 너무나 많았던 것을 새삼 가슴 가득히 느끼면서 두 사람 손 꼭 잡으면서 감사의 마음에 눈시울을 뜨겁게 했습니다. 온라인으로 드린 예배가 이렇게 은혜로울 수 있었던 것도 처음이었어요. 내일부터의 여름휴가가 다행다

복하시길 기도합니다. 장로 김덕기 권사 김순엽 드림

玄愚 화백 : 사진

구례 산수유마을에서~

담임 목사

감사합니다. 장로님! 휴가라고 해봐야~ 늘 그렇듯 교회 생각만 가득할 것 같네요. 목회를 잘해야 하는데, 부족함만 느낍니다. 기도해 주세요. 함께 좋은 추억 쌓아 오신 두 분의 아름다운 인생을 존경합니다. 약해짐에 지지 마시고 풍성한 인생의 추억으로 잘 이겨 가시기를 기도합니다. 제가 어릴 적에 구례에서 살았습니다. 산동면에서…… 사진은 어디인지는 몰라도, 그 동네에도 산수유가 가득했네요. 두 분이 함께하는 모습이 산수유보다 더 더 노랗네요.^^ 장로님! 잘 지내시구요. 휴가 기간에 혹시 답을 못 드려도 이해해 주시기 바래요. 감사합니다.

담임 목사

당회 끝나고 이제 올라왔네요. 당회는 언제나 힘들어요. 장로님. ^^ 늘 감사합니다.

玄愚 화백

　그 장소가 산동이에요. 이 사진은 취재차 왔던 대구 영남일보인가 신문사 기자가 찍어서 신문에 게재했던 사진입니다. 이 기자하고는 지금도 메일 주고받고 있어요. 기자 말로는 두 노부부의 다정한 모습이 너무 좋았다고~ ^^ 당회 힘든 거 어제오늘의 일은 아니지요. 말도 많고… ㅎ 당회장이 소신껏 목회할 수 있도록 힘껏 밀어드려야 하는데~ 당회원 중에는 유별난 사람도 있기 마련이지요. 목사님은 지혜롭게 잘 대처해가시리라 마음 놓고 있지요. ^^ 지금까지 저는 언제나 목사님 편이었기에 지금도 옛날 목사님과 정담을 나누고 있지요. ^^ 그래도 휴가 중에는 내내 평안한 휴식의 기회가 되길 바래요. 사모님이랑 부디 건강하세요!

담임 목사

　네 장로님! 감사합니다. 더위에 강건하시구요. 잘 다녀오겠습니다.

담임 목사 : 이모티콘

玄愚 화백

목사님 잘 다녀오세요.

2022년 8월 15일

玄愚 화백 : 동영상

담임 목사

샬롬~! 감사합니다. 장로님! 더위는 여전히 극성이네요. 말복이라 마지막으로 실력을 뽐내나 봅니다. 덥지만 맘 시원한 일 많은 한주 되시기를 바랍니다. 평안하시구요. 오늘 순천노회 장로회 수련회 폐회예배 설교를 하게 되네요. 오후 4:20에 예배인데 기도해 주세요. 감사합니다.

玄愚 화백

입추 말복 다 지나면 폭염의 기세도 조금은 꺾어지겠지요. 코로나 이전에는 복날이면 짝지어 다니면서 보양식 맛집 찾아 즐거운 시간도 가졌었는데 지금은 마스크 벗은 자리는 습관적으로 피하게 되니 늙은이가 더 늙어버렸네요. ^^ 오늘 장로회 수련회를 목사님의 말씀으로 더욱 은혜롭게 끝맺게 되니 얼마나 감사한지요. 늘 강녕하세요. ^^

담임 목사

감사합니다. 기도와 격려에 힘을 얻어 잘할 것 같습니다. 좋은 오후 되시구요.

2022년 8월 18일

玄愚 화백 : 사진

담임 목사

감사합니다. 장로님! 장로님께서 그리신 장미가 더 생화 같겠네요. ^^ 비가 그쳐 맑지만 다시 늦더위가 시작된 듯하네요. 점심 맛있게 드시고 좋은 하루 되시구요.

玄愚 화백

목사님! 이제야 답장 드립니다. 오늘은 화집에 수록할

작품을 촬영 전문작가가 와서 작업을 했어요. 햇빛의 광도를 맞춰야 한다고 오후 2시~3시 사이에만 찍는다고 합니다. 100여 점 찍는데 아마 며칠은 계속한다네요. 하필이면 하루 중에서 가장 더운 시간에~~ 다행히 도와주는 제자가 있어서 감독만 했는데 그래도 힘드네요. ^^

玄愚 화백

펜화는 전에 유럽 스케치 여행 때 파리에서 그린 노트르담 사원입니다. 더위에 과로하지 마세요.

담임 목사

네 장로님! 무더운 시간에 고생이네요. 무리가 안 되셨음 합니다. 노트르담 사원을 이렇게라도 볼 수 있어 감사하네요. 좋은 밤 되시구요.

2022년 8월 26일

玄愚 화백 : 사진

담임 목사

　네 장로님! 이제 정말 가을이네요. 코로나로 우울하고 무기력했던 시간들을 다 털어내시고, 가을이 주는 위로와 풍성함이 가득한 나날이 되시기를 기도합니다. 감사합니다. 장로님!

玄愚 화백

　지난 23일…… 한 편의 수필 같은 답장에 더위에 지치고 코로나에 움츠렸던 노구(老軀)에 청량감을 부어주셨어요. 어제와 오늘 가을 내음 풍기는 상쾌함에 아아! 이젠 뭔가 해야겠구나! 다짐해 봅니다. 늘 힘 되어 주시는 목사님. 고마워요 ^^

담임 목사

　감사합니다. 장로님! 담임목사로서 남모르게 힘든 자리들이 있는데, 늘 동일하게 격려해 주시니 저도 다시 또다시 마음을 가다듬고 가고 있습니다. 아직도 어린가 봐요. 마음이 약하네요. 장로님께나 어리광 부려봅니다. ^^ 늘 강건하게 오래오래 제 옆에 계셔주세요. 장로님! 좋은 하루 되시구요.

玄愚 화백

    115년의 역사가 쌓인 것만큼 교회의 애환도 그만큼 쌓였을 거로 생각해 봅니다. 속된 말로 늙어버린 교회, 사람도 늙고 생각도 늙어버린 교회에 혈기와 의욕이 팔팔한 젊고 아름다운 담임목사가 얼마나 참신한 기대를 안겨줬던지 안도감과 함께 새로운 소망을 갖게 했는데 그 어려웠던 코로나 파동도 무사히 견뎌왔는데 보이지 않던 그늘에 내가 사랑하는 목사님의 고뇌가 짙게 도사리고 있는 줄은 미처 몰랐네요. 힘들 때마다 마음으로 기대세요. 힘 빠진 어깨라도 내어 드릴 테니…… ^^ 과로하지 마세요.

담임 목사

    감사합니다. 장로님! 부족할 뿐입니다. 코로나가 길어지고 움직임이 일어나지 않으니 저도 사람인지라 그렇네요. 목회는 언제나 변수투성입니다. 하지만 하나님이 하시고 이렇게 격려해 주시니 다시 힘을 얻고 새로운 시작을 하게 됩니다. 하반기 좋은 것으로 채우실 줄 믿습니다. 장로님께서도 준비하신 것 빨리 펼치시기를 기도합니다.

2022년 8월 29일

玄愚 화백 : 동영상

담임 목사

감사해요. 장로님! 괜한 멘트에 힘써 위로해 주시니 큰 위로가 되면서도 죄송할 따름입니다. 저녁 맛나게 드시구요. 좋은 저녁 되시구요.

玄愚 화백

이른 새벽부터 늦은 밤까지 신경 써야 할 일이 끊임없이 이어지는 일과의 잠깐 쉬는 틈에 아주 작은 위안이라도 되었으면 하는 생각으로 보내는 음악과 영상이 의도와는 달리 방해가 되지 않을까 염려가 되기도 해요. 목사님의 글은 시와 수필을 아우르는 청량제와 같아요. 저녁 시간 평안하세요. ^^

2022년 9월 3일

玄愚 화백 : 동영상

담임 목사

    샬롬~! 장로님! 비 온 뒤로 맑은 가을을 보지만, 이내 내일은 태풍 소식이 있네요. 하지만 그 뒤에는 또 더 맑은 가을이 올 줄 믿습니다. 늘 맑은 날이 온다는 믿음으로 삶을 긍정하며 사시는 장로님 권사님의 하루하루가 복되시기를 기도합니다. 매일 영상을 주셔서 너무 감사한데, 혹시 제가 어리광 부려서 위로하시려고 숙제처럼 하시는 것은 아닌가 싶습니다. 당연히 아니시겠지만, 제 좁은 마음으로 죄송한 마음이 드네요. 저도 오늘은 생각나는 노래가 있어 올려봅니다. 홍순관이라는 가수인데 소외된 곳에서 평화를 노래하는 좋은 가수라 생각됩니다. 쌀 한 톨의 무게 속에 우주가 들어있다는 시구를 노래한 것인데, 작은 것도 소중하고, 작아도 온 우주의 가치가 있다는 의미입니다. 작은 화폭에 온 세상을 담는 장로님의 작품세계에 온 하나님의 창조의 손길이 들어있음도 생각하게 됩니다. 오늘도 장로님의 호흡 하나하나가 작품이시니 그 기쁨으로 행복한 하루가 되시기를 축복합니다. 항상 감사합니다.

玄愚 화백

  귀한 노래…… 여운이 깁니다. 긴장의 연속인 목회의 사역이 심신의 과로로 이어지면 어쩌나 하는 작은 배려에서 때로는 시원한 영상으로 또 음악으로 숨 돌리는 짧은 휴식에 정말 작은 도움이라도 됐으면 하는 마음이에요. 어리광을 받을 만큼 든든하지는 않지만 늘 함께할 수 있으니 편히 기대세요. ^^ 풍성한 주일 잔치의 준비에 과로하지 않기를 바라요 ^^

담임 목사

  감사합니다. 장로님! ^^ 늘 힘이 됩니다.

2022년 9월 6일

玄愚 화백 : 사진

담임 목사

감사합니다. 장로님! 태풍 뒤 정말 맑은 날씨네요. 오늘도 가을에 주시는 은혜가 깊이 누려지시기를 기원합니다.

玄愚 화백

거의 한 주간을 온통 11호 태풍 뉴스로 마음 졸이며 어젯밤 거의 뜬눈으로 태풍 보내고 났더니 오늘은 정말 청명한 가을 하늘을 보게 해주셨네요. 고개 숙인 벼가 쓰러지고 알알이 익은 가을 열매가 떨어지는 아픔의 상처를 아직은 식지 않은 태양의 열기로 어루만져 주는 가을의 오후가 고마울 뿐입니다. 목사님의 사랑 넘치는 미소가 기력을 잃어가는 노심을 보듬어 주는 초가을의 오후입니다. 목사님! 평안한 오후 되세요. ^^

담임 목사

애정과 사랑 넘치는 글 감사합니다. 올가을은 처음부터 이렇게 기쁘게 시작하니 좋은 일이 많이 기대가 됩니다. 하루하루 기쁨이 넘치시길 기도합니다.

2022년 9월 14일

玄愚 화백 : 사진

담임 목사

맑고 높은 하늘, 코스모스, 강아지풀~ 가을 너무 예쁘네요. ^^ 오늘도 좋고 예쁜 가을날 되세요.

玄愚 화백

목사님! 나이는 숫자에 불과하다는데 그렇지가 않아요…… 목사님! 주변에서는 망백(望百)의 노작가의 기세에 놀라워하지만, 막상 본인은 오늘도 가쁜 숨을 몰아쉬고 있답니다. 기도해 주세요. ^^

담임 목사

네 장로님! 문자로 작품으로 격려로 만나는 장로님이 신지라 늘 생기 넘치는 청춘만 그렸는데, 아침 문자에 죄송함이 느껴집니다. 함께 기도하겠습니다. 그래도 장로님의 한숨은 저희의 한숨과는 다르다고 생각됩니다. 장로님만의 인생의 깊이가 있는 호흡이실 테니까요. 오늘도 고귀하고 깊고 높은 한숨, 한숨 모아 아름다운 작품과 같은 하루를 보내시기를 바랍니다. 늘 감사합니다.

玄愚 화백

　실은 9월 30일에 분당 서울대병원 U-gallery 초대전을 open 합니다. 어제 큐레이터가 전시 작품 10점을 선정했고 액자 제작 의뢰를 했어요. 작가의 뜻보다는 큐레이터의 제안에 따라야 하는 것이 조금 맘에 걸려요. 전시는 한 달 계속됩니다. 서울 전시가 끝나면 이어서 순천 전시가 시작될 예정입니다. 순천전 때는 진행 상황을 목사님께 알려드릴게요. ^^

담임 목사

　네 장로님!! 힘드신데 계속 정진하시는 모습이 참으로 귀합니다. 무리하지 않으시길 바랍니다. 점심 맛있게 드시구요.

2022년 9월 18일

玄愚 화백 : 동영상

담임 목사

    감사합니다. 장로님! 신나는 음악이네요. 달려가고 싶은 마음이 드네요. 유쾌한 마음을 선물해 주셔서 감사합니다. ^^ 늦더위가 있지만, 행복한 주말 오후 되시구요.

玄愚 화백

    목사님 저희들 오늘도 영상으로 예배드렸습니다. 아내도 교회에서 예배드리고 싶어 하지만 거동이 자유롭지가 않아요. 크게 아픈 데는 없지만 1시간 동안 자리에 앉아있기가 힘들 것 같아 아쉬움이 크지만, 당분간은 이대로 지내야만 될 것 같아요. 전시회는 서울대병원 미술관 전시는 9월 30일~10월 27일까지 열리지만 모든 절차를 큐레이터가 주관하기로 했어요. 순천전은 문화예술회관 1.2 전시실에서 11월 23일~11월 30일까지로 확정되었어요. 모든 진행은 서포터가 주관하지만 오픈식은 목사님과 상의하도록 하겠습니다. 기력이 유지될 수 있도록 응

원 부탁드려요. ^^

담임 목사

    네 장로님! 어려운 중이지만 그래도 올해 전시회를 하시니 마음이 좋습니다. 모든 것을 잘 감당하시도록 기도하겠습니다. 장로님은 힘드셔도 저는 기대가 됩니다. ^^ 주변 지인들도 같은 마음일 거라 생각됩니다. 늦더위에 강건하시구요.

2022년 10월 1일

玄愚 화백 : 사진

담임 목사

    축하드려요, 장로님! 작품을 감상하는 분당서울대병원에 있는 모든 환자와 보호자들의 신음이 다 날아가고 새 힘을 얻어 몸까지 쾌유케 될 것이라 믿습니다. 너무 멋지네요.

玄愚 화백

어제 분당 서울대병원 미술관에서 전시 오픈을 했어요. 아내를 두고 갈 수가 없어서 친구를 대신 보냈습니다. 한 달간 진행됩니다. 9월 30일(금)~10월 27일(목)까지.

담임 목사

네 장로님! 많은 분들에게 지난날의 고향과 자연의 좋은 정서와 에너지들을 나누실 것 같습니다. 멀리 계셔도 작품으로 이야기하는 것이니 충분히 수고하고 계시네요. 분당엔 못 가지만, 차후에 순천에서 있을 전시회를 기대하고 배로 즐거워하시면 좋겠네요.

玄愚 화백

순천 전시회 준비도 계속 잘하고 있어요. ^^

담임 목사

네 장로님! 순천 전시회 때는 주보 광고 올릴게요. 여력이 있으면 모시고 분당도 가고 싶네요. 죄송해요.

玄愚 화백

　목사님! 부담 드린 것 같아 미안하네요. 이 병원 갤러리는 작가 선정할 때 서울대 출신을 우선합니다. 의사도 간호사도 사무직원도 심지어 갤러리의 전담 큐레이터까지 온통 서울대 일색입니다. 저와의 인연은 '각별한 사건?'이라 언제 목사님과 커피잔 나누면서 얘기할게요. ^^

담임 목사

　네 장로님! 부담은 아니구요. 즐거움이죠. 못해 드려서 죄송하네요. 10월에 대심방 끝나고, 만나면 되겠습니다. ^^

2022년 10월 29일

玄愚 화백 : 사진

담임 목사

　장로님! 감사합니다. 일교차가 심한데 어떻게 지내십니까? 서울에서 내려오셨는지요? 하루하루 건강하고 평안하면 평생이 건강하고 평안할 것이라고 생각됩니다. 저도 오늘 하루 분주함 속에서도 이 하루만이라도 승리하려고 애써보렵니다. 늘 기쁨과 행복이 멈추지 않으시길 기도합니다. 감사합니다.

玄愚 화백

목사님! 답장이 너무 늦었네요. 거동이 자유롭지 못한 아내를 부축하고 꼭 4년 만에 KTX를 탔더니 여행이 아니라 고행이었어요. ^^ 보다가 너무 불안했던지 아들이 회사를 하루 쉬고 집에 데려다주고 되짚어 올라갔어요. 전시회는 전담 큐레이터가 관리해서 별로 신경 쓸 일은 없었지만 와줄 만한 지인도 동호인도 이젠 연락도 안 되는 것에 고령자의 비애가 너무 아팠어요. 장수 노인이 사회 활동하기란 외로움에 지치면 헤어나기 힘들다는 걸 절감했지요. 과로하지 않도록 늘 건강하세요!

담임 목사

네 장로님! 마음도 몸도 많이 힘드셨겠어요. 오랜 여정에 피로가 쌓이셨을 텐데 잘 쉬시구요. 그래도 순천에서의 전시회는 그보다 나을 겁니다. 큰 위로가 있기를 기도하겠습니다. 잘 쉬시고, 내일은 온라인으로 뵙겠네요. ^^

잘 회복하세요, 장로님! 사랑합니다. 감사합니다.

玄愚 화백

목사님도 주일 대예배 준비에 진력하셨을 텐데 위로와 격려 주셔서 고맙습니다. 편한 밤 되세요. 사랑합니다. ^^

담임 목사

네 장로님! 고생하셨어요. ^^

2022년 12월 3일

玄愚 화백

목사님! 유튜브 멋진 댓글 고맙습니다. 유튜브가 이런 거구나 생각하면서 사춘기 소년으로 돌아가 봅니다. ㅎㅎ

담임 목사

네 장로님! 젊은 사람들보다 앞서 가십니다. 인터뷰 동영상 아시는 분들에게 널리 전파하셔서 좋은 피드백 많이 받으시고 더욱 기운 내셔서 이제는 구순전을 넘어

100세 전까지 하시기를 바랍니다. 단지 장로님만의 목표가 아닌 순천의 미술계를 위해 다음 목표를 향해 가심도 대단한 열매라 생각되네요. 그러기 위해서 장로님 권사님 더욱 강건하시고 날씨가 많이 추워졌는데 감기 조심하시고 주말도 평안하게 잘 보내세요. 사랑합니다. 장로님!!

2022년 12월 5일

玄愚 화백 : 사진

담임 목사

　사진으로라도 난롯불 앞에서 따뜻한 차 한 잔 잘 마셨습니다. 추억은 한 장의 그림(사진)으로 기억되는데 이 사진은 장로님과 제가 같은 곳을 바라보며 차를 마시며 환담하는 듯한 느낌을 주네요. 장로님께서도 따뜻한 나날 되시구요. 감사합니다. 좋은 하루 되세요.

玄愚 화백

　목사님! 코로나에 시달리고 전시회 치르느라 긴장했

던 날들이 피곤을 쌓게 하더니 아직은 심신의 회복이 더딘 것 같아 조금은 더 시간이 필요한 것 같아요. 문화예술회관 전시담당자의 실수가 전시 기간을 단축시키더니 그 후유증도 생각보다는 컸지요. 전시작품을 보면서 못다 한 얘기를 맘껏 나눴으면 했었는데 어쩌다가 그런 시간마저 놓쳐버리고 아쉽기가 끝이 없네요. 목사님의 따뜻한 위로와 격려가 90살 노인의 기력을 지탱시켜주고 있으니 바라는 기회가 올 거예요. 고맙고 또 감사합니다. ^^ 목사님 ♡♡

담임 목사

　감사합니다. 장로님! 짧지만 작가와 함께 거닐며 작품 설명을 들었으니 바랄 게 뭐가 있겠습니까? 이미 충분합니다.

　빠른 쾌유가 있으시길 기도하겠습니다. ^^

2022년 12월 7일

玄愚 화백 : 사진

담임 목사 : 사진

담임 목사

강원도에는 눈이 내렸다고 어떤 분이 보내왔네요. 춥긴 추운가 봅니다. 순천에는 눈이 적다는데, 눈의 절경보다는 따뜻해서 어른들 건강에 해가 없기를 바랄 뿐입니다. 오늘도 강건하시고, 좋은 한 날 되세요. 장로님! 감사합니다.

玄愚 화백

방금 문화재단에서 보내온 영상입니다. ^^

담임 목사

좋아요 눌렀습니다. 음악과 내레이션이 깔리니 따뜻한 영상이 되었네요. 모두가 장로님의 지난 삶에 대해서 귀하게 여기고 감사하고 있네요. 저도 그렇구요. 장로님! 풍성하고 따뜻하고 특별한 가치로 사셨음에 늘 기뻐하고 행복하시기만 바랍니다. 감사합니다.

玄愚 화백

강원도 설경을 보니 오래전 40~50대쯤 설악산 설경

이 그리고 싶어서 그림 친구 두 사람과 셋이서 여수공항에서 김포로 해서 양양공항까지 날아가서 지인의 펜션에서 한 주간을 머문 적이 생각나네요. 그렇게 추웠는데도 설산에 아침 해가 비추는 황금빛 눈부신 광경에 탄성을 지르며 추운 것도 잊은 채 언 손 불어가며 그림에 빠져들었던 기억이 되살아나네요. 그때 두 친구는 먼저 떠나고 나만 이렇게 남았네요. 잠시 즐겁던 추억에 잠길 수 있었어요. 고맙습니다. ^^

담임 목사

네 장로님! 제가 목사가 아니면 ㅎㅎ 모시고 그 추억의 장소로 날아가고 싶네요. 따뜻한 난로에 앉아서 시간 가는 줄 모르고 여러 이야기들 나누면 참 좋을 텐데요…… 목사가 뭐에 이리도 바쁜지요…… 목사는 바쁘지 않아야 깊은 묵상을 할 수 있는데…… ^^ 말씀드린 김에 적절한 시간을 한번 내서 상의 드리겠습니다. 감사합니다. 장로님!!

玄愚 화백

중학교 1학년 때 입교 문답 받은 지 70년도 훨씬 긴 세월을 지내는 동안 그 많은 목사님을 만났는데 가장 친근감 느껴진 적은 없었어요. 정말 좋은 그림을 그릴 수 있을 것 같아요. ^^

玄愚 화백

우리 목사님

담임 목사

네 장로님~! 점심 맛나게 드시구요.

2022년 12월 16일

玄愚 화백 : 동영상

담임 목사

샬롬~! 장로님! 감사합니다. 요즘 경기가 안 좋아서인지, 서울에서 순천으로 와서인지, 성탄 트리를 보기가 힘든데, 화려한 트리를 보니 마음이 밝아집니다. 온 세상이 예수 오심의 기쁨으로 가득 차기를 바라고, 장로님과 권사님께도 그러한 은혜가 넘쳐나시기를 기도합니다. 좋은 하루 되시구요.

玄愚 화백 : 사진

玄愚 화백

　서울의 성탄은 그래도 이런 경관인데 시골의 성탄은 왜 이렇게 쓸쓸할까요. 어렸을 때 밤새워 연습했던 성극 생각이 나네요. 이때만은 남녀 학생이 밤을 새워도 너그러워지셨던 부모님도 그리워지네요. ^~^

담임 목사

　오늘날의 성탄이 그런 것 같습니다. 기대와 소망의 성탄보다 누리는 것들이 많다 보니 좋은 것을 보아도 좋아하지 않는 것 같습니다. 그만큼 정서가 메말라가는 세상이다 보니 낭만도 감동도 사라지는 듯합니다. 신앙의 자리 마저두요. 그런 세상에 따뜻한 감성을 전하시고 좋았던 추억과 감성을 그림을 통해서 살려주시는 귀한 일을 평생 하신 장로님의 수고가 이 세상을 아름답게 해오셨네요. 과거의 감동은 아니지만 2022년의 감동으로 이번 성탄에도 올해만의 특별한 기쁨이 있으시기를 바랍니다. 좋은 저녁 되시구요.

玄愚 화백

　목사님 말씀에 머리를 수없이 끄덕이면서 로봇화 되어가는 인간이 순수하고 아름다운 감성을 잃어버리고 안이하고 규격화된 틀 속에서만 허우적거리는 무정함을 넘어 비정함마저 타성에 함몰되어버린 현실이 그리도 간절하게 기다리고 또 기다렸던 성탄의 꿈마저 앗아가 버린 것 같아요. 화가의 그림을 통해 자연의 정서가 거칠어진 마음을 쓰다듬어주길 바라는 순리를 역으로 화가만의 생각으로 표현하는 난해한 현대 미술을 해석하는데 온 신경을 쓰고 있으니 아이러니하지요. ^~^

담임 목사

　네 장로님! 세상에 아이러니한 일이 너무 많네요. 지혜가 많이 필요한 것 같습니다. 따뜻한 추억을 필요로 하는 사람들에게는 추억과 감성이 필요하듯 위로와 치유가 필요한 사람들에게는 성탄의 기쁨이 필요하기에 이런 때도 성탄의 행복을 찾는 사람들도 많을 것 같습니다. ^^

좋은 밤 되시구요.

玄愚 화백

목사님! 조금 밝은 소식은 저가 이번에 전남도가 제정한 제1회 명예 예술인으로 선정되었다는 통보를 받았어요. 수여식은 27일에 있을 예정입니다. 얼마나 창작에 대한 후원이 행해질지는 모르지만 모두들 축하받을 일이라고 하네요. ^^

玄愚 화백

교회 소식에는 수여식 후에 알려주세요.

2022년 12월 23일

담임 목사

아름다운 설경이네요. 순천에도 이런 눈이 와서 다들 불편해하면서도 너무 좋아하시는 것 같더라구요. 수북이 눈이 쌓이면 그해에는 가뭄도 해결된다고 하던데, 그러기를 바랍니다. 좋은 오후 되시구요.

玄愚 화백 : 사진

담임 목사

　와~~ 장로님 댁인가 보네요. 눈꽃이 피었네요. 순천에서는 좋은 구경인 것 같습니다.

玄愚 화백

　저의 집 마당가에도 이렇게 눈이 쌓였어요. 이 집에서 지낸 지 꼭 50년이 되었는데 이렇게 종려나무 가지가 눈의 무게 때문에 휘어져 보기는 처음입니다. 올해는 정말 White Christmas인가 봐요. 따뜻한 저녁 시간 되세요. ^^

담임 목사 : 이모티콘

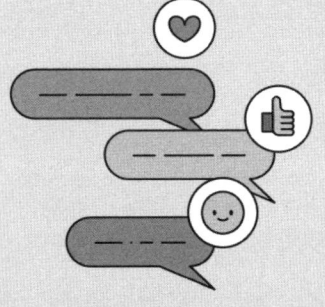

2023년
소망
―
삶에 대한 나눔과 섬김

| 해바라기(2018)

2023년 1월 1일

玄愚 화백 : 사진

담임 목사

　샬롬~! 장로님의 2023년 한 해가 평안과 기쁨이 넘치는 한 해 되시기를 기원합니다. 송구영신 예배 후 몇 시간 뒤 주일예배요. 신년특별새벽기도와 제직헌신 예배가 연이어져 정신이 없었네요. 마침 어제 주신 영상 보고 있는데 신년인사를 먼저 해 주셨네요. 감사합니다. 항상 강건하시고 올해는 더 좋은 일들이 많으시길 바랍니다. 감사합니다.

玄愚 화백

　지난 한 해는 저에게는 각별한 해였습니다. 두 번의 전시회와 명예 예술인 현판 수여까지~ 코로나 확진 속에서도 후유증 없이 부부가 함께 건재할 수 있었던 건 목사님의 사랑의 기도가 있었기에 가능했습니다. 다시 한번 감사드립니다. 새해에도 기력이 유지되는 한 움직여볼 생각입니다. ^^

2023년 1월 18일

담임 목사

　감사합니다. 장로님! 일상을 감사하며 사는 마음이 가장 성숙한 마음 같습니다. 오늘 큐티 본문도 빌립보서 4:6-7 말씀(6 아무것도 염려하지 말고 다만 모든 일에 기도와 간구로, 너희 구할 것을…… 감사함으로…… 하나님께 아뢰라. 7 그리하면 모든 지각에 뛰어난 하나님의 평강이 그리스도 예수 안에서 너희 마음과 생각을 지키시리라) 감사함으로 기도하는 것이 우리의 마음과 생각을 지키는 길이라고 말씀하고 있는데, 오늘 말씀의 흐름과 같은 영상 메시지네요. 날씨가 아직 쌀쌀하고, 코로나도 조금 더 확산 되었다고 하는데, 건강하게 잘 지내시기를 바랍니다. 좋은 하루 되세요.

담임 목사 : 이모티콘

玄愚 화백

　목사님! 감사합니다. 어쩌면 부족한 것이 사람이라지만 말씀대로 순종하며 살고 싶은데도 늘 모자람투성이라 이럴 때는 어떻게 하나 혼자서 생각에 잠기고 맙니다. 이대로라면 90살이 아니라 100살까지 살아도 모자란 것 영영 채우지 못한 채 눈감고 말겠지요. 교회 장례 소식 문자 받을 때마다 수십 년 함께했던 형제자매 같은 교우였는데 육신의 헤어짐이 이렇게 힘들고 트라우마로 다가올 줄은 몰랐어요. 목사님! 육적으로 장수한다는 것이 결코 축복일 수만은 없다는 것을 느끼게 하는 오늘입니다. 이따 4시에 입관 예배에 가야 할 것 같아요. 목사님이 곁에 계셔서 위안이 됩니다. ^^

담임 목사

네 장로님! 한편 서글픈 일이지만, 장로님의 기도로 한 분이라도 더 가실 길을 닦아드린다고 생각하시면, 그것 또한 사명이요, 장로님을 더 장수하게 하시는 하나님의 뜻이라 생각됩니다. 더 강건하게 오래오래 곁에 계셔주세요. 감사합니다. 장로님!

2023년 1월 23일

담임 목사

　감사합니다. 장로님! 지난 수없이 설날들의 좋은 추억들이 많으시겠네요. 저도 어린 시절이 떠오릅니다. 한 해 늘 좋은 맘, 좋은 생각으로 매 순간이 행복하시기를 기원합니다. 건강하시고 평안하세요.

玄愚 화백

　목사님! 주일과 설날이 겹쳐서 명절 기분이 반감한 기분이 아니었나 생각되네요. 모처럼 2남 2녀 전 식구가 한 자리에 모여서 합동으로 세배를 했지요. 세뱃돈 액수를 혼자서 정하는데 조금 고민을 했지만, 손자들도 모두 대학을 졸업 맨 끝 아이만 군 복무 마치고 3학년에 복학해서 조금 더 주고 나머지는 상식선에서 잘 마쳤어요. ^^ 음식은 각 가정에서 만들어 온갖 함께 모였더니 그야말로 진수성찬. 즐거운 한때를 보내고 두 팀은 떠나고 나머지는 내일 떠나기로 했답니다. 모두들 건강하게 자기 일 충직하게 하고 있어서 감사할 뿐입니다. 늘 저희를 위해서 기도해 주시는 목사님이 곁에 계셔주시니 더욱 든든합니다. ^^

담임 목사

　행복한 시간이셨겠네요. 주머니 사정이 녹록지 않으셨겠어요. 그러면서도 즐거우셨겠네요. 모두들 자기 자리를 잘 지키기만 해도 효도인 것 같습니다. 늘 그렇게 평범한 것 같지만 행복한 일상이 변함없이 지속되시기를 기도합니다. 좋은 밤 되세요. ^^

2023년 1월 31일

玄愚 화백

　☆ '일편단심 민들레' 이야기

담임 목사

　감사합니다. 장로님! 누군가를 향한 마음이 쉽게 흔들리고 뿌리째 뽑아내는 것이 쉽디 쉬운 시절인데 이주현 여사님의 마음은 오늘의 시대 참 귀감이 되는 마음입니다. 주님을 향해 성도들을 향해 주신 사명을 향해 사랑하는 분들을 향해 오늘도 저의 마음이 민들레 같기를 소원해 봅니다. 한없이 부족하여 기도가 절로 되어질 뿐이네요. 아침저녁으로는 아직은 겨울인가 봅니다. 따뜻한 하루 보내시구요. 감사합니다. 사랑합니다.

玄愚 화백

목사님! 세상에는 잘 알려져 있지 않은 감동 어린 사연들이 수없이 많은가 봐요. 그러기에 보기 싫고 듣기 거북한 뉴스가 하도 많아 순간적으로 채널을 돌리게 되는 요즘에도 감동 주는 이런 글을 카톡으로 끊임없이 보내주는 저보다는 젊은 지우들이 여럿 있다는 것에 조금은 젊어진 듯한 착각에 오늘 하루가 가고 있네요. ^^ 새해 들어 다시 시작한 대작(大作) (100호 교회 4층 작품 크기) 몇 점을 목표로 숨 가쁘게 캔버스와 마주하고 있어요. 목사님의 너무 큰 소리 없는 박수의 위력을 방패삼아 어쩌면 구순 노부의 무모한 도전이 코미디 같기도 해서 혼자 웃곤 합니다. ^^ 오늘도 좋은 하루 되세요. 사랑하는 목사님!

담임 목사

그렇군요. 장로님! 끊임없는 도전에 저도 박수를 보냅니다. 건강 상하지 않도록 하시고 과정에 더 큰 기쁨이 넘치시기만을 기도하겠습니다. 샬롬~!

2023년 2월 10일

玄愚 화백 : 사진

    제목: 순천만 축제 규격: 100호 F

玄愚 화백

    교회의 장미작품과 같은 크기인데 세로의 길이가 조금 더 큽니다. 진척은 60% 정도이며 2월 말까지는 완성하도록 노력 중입니다.

담임 목사

    네 장로님! 시에서 요청받으셨나 보네요. ^^ 봄을 미리 만나는 것 같습니다.

玄愚 화백

    목사님! 답장이 일주일이나 늦었네요. 그동안 30호 50호 크기의 그림은 계속 그렸었는데 100호는 5년 만에 그리게 되네요. 하얗게 빈 캔버스가 아직도 수십 장 쌓여있어요. 기력이 남아있는 동안에 모두 그림으로 채워져야 하는데 내일을 기약할 수 없으니 늘 기도하는 마음입니다. 마음 같아서는 눈부시게 아름다운 화폭으로 남기고 싶어요. 주변에서는 저를 보고 별스러운 노인이라 쑥덕거린 다네요. ^^ 하나님이 허락하신 데까지 물감과 싸워볼 생각입니다. ㅎㅎ 환절기 건강 조심하세요.

담임 목사

네 장로님은 별입니다. 당연히 별스러워야죠. ^^ 장거리 마라톤이 되도록 천천히 즐기면서 하세요. 장로님께서도 늘 강건하시기를 기도합니다. 감사합니다.

玄愚 화백

목사님! 마음에 오래오래 기억될 만큼 좋은 그림도 구상중에 있어요. ^^

담임 목사

네 장로님! 작품도 그렇지만 이미 장로님은 제 마음에 오래오래 기억될 분입니다. 늘 감사합니다.

2023년 2월 16일

玄愚 화백 : 사진

담임 목사

　장로님께 하나님의 위로하심이 매 순간 있으시기를 기도합니다. 이전 글을 보면서 글을 써 드리려 했는데 분주함 속에 놓쳤습니다. 103세 저명한 철학자라 해도 자신이 주장한 철학대로 살지는 못할 것이고 많은 사람을 감동케 한 저명한 설교가라 해도 자신이 선포한 설교대로 살지는 못할 것입니다. 때로는 충만했다가 때로는 빈곤한 것이 죄악으로 갈라져 늘 가득 차오를 수 없는 인간의 현실일 것입니다. 단지, 그 충만으로 향하고 있는 것만으로도 최선이요 잘살고 있는 것이라는 생각이 듭니다. 사도 바울이 완성되었다고 생각지 않고 이전 일을 생각지 않고 계속해서 푯대를 향하여 달렸듯 장로님의 작품 활동에 충만한 순간도 있고 빈곤한 순간도 있지만 중요한 것은 계속해서 충만을 향해 멈추지 않고 달려가심이 이미 최선이요 그것이 예술이요 그것이 작품이라 생각됩니다. 똑같은 일상 같지만, 그 의미와 가치와 느낌이 다르듯 같은 그림을 그리셔도 그것은 다른 작품일진대 멈추지 않은 충만을 향해 (…)

2023년 2월 17일

玄愚 화백

　어제 목사님의 귀한 글 받아들고 몇 번을 읽고 또 읽었지요. 나중에는 눈물이 고여서 글이 얼룩져 잘 보이지 않았지만~ 그리고 감사했어요. 노쇠해서 감성의 마지막 남은 물기마저 말라버린 이 늙은이에게 어느 날 소문도 없이 보내주신 이은성이라는 복된 이름의 목사님을 축복의 선물로 안을 수 있는 기쁨을 주셨으니 얼마나 감사한지요. 결과가 충만치 못하더라도 그 충만으로 향하고 있는 것만으로도 최선이요. 잘 살고 있는 거라고 격려해 주신 사랑에 얼마나 위로를 받았는지 모릅니다. 어느 시인은 저의 작업 모습을 평할 때 "김 화백의 은근한 미소 뒤엔 철저한 자기와의 싸움이 숨어있다"라고 하면서 예술은 결과가 아니라 추진하는 과정 그 자체라고 했던 것을 기억하면서 목사님의 깊고 큰 사랑을 느끼게 합니다. 목사님이 저를 사랑해주시듯 저 또한, 목사님을 많이 사랑합니다. 심신의 힘이 소진할 때마다 곁에서 지켜주시는 은총의 힘으로 오늘도 행복합니다. 목사님! 사랑해요. 고마워요. 많이많이~^~

담임 목사

하나님의 인자하심과 성실하심이 늘 장로님과 권사님과 함께 하고 계시는 줄 믿습니다. 위로가 되셨다니 제가 감사하네요. 오늘날 포기가 쉽고 교만이 넘치고 스스로 완성된 것처럼 살아가는 사람들로 어두운 세상인데 그 연세에도 철저한 자기와의 싸움으로 여전히 고뇌함으로 계속해서 한계를 넘는 진짜 고수를 곁에서 볼 수 있다는 것만으로도 영광이요 감사입니다. 너무 무리하지는 마시고 젊은 날보다는 속도도 느리고 만족도 적으시겠지만, 장로님의 손짓 하나는 젊은이들의 수천 번의 손짓과 같으니, 건강하시고 즐거운 가운데 모든 일을 이루어 가시기를 바랍니다. 오늘도 좋은 하루 되시구요. 저도 목사여서 수많은 성도들이 기도해 주시겠지만, 때론 느껴지지 않고 홀로 고독할 때가 많네요. 하지만 그것은 저의 느낌이요 저의 싸움이요. 보이지 않는 곳에서 응원하는 성도들이 더 많은 것처럼 장로님은 저보다 더 많은 팬들이 있고 존경하는 제자들이 있고 사회 전반의 분들에게 귀한 분으로 여겨지고 (…)

2023년 2월 20일

玄愚 화백

    꽃샘추위가 차가운 아침입니다. 주일예배 준비에 얼마나 힘드셨을까 늘 생각하면서 어느새 20년 전의 기억으로 남지마는 주일예배 기도를 준비했던 그 시절을 떠올리면서 짧은 시간의 잠깐의 기도를 위해 한 주간 내내 가슴 조이던 시무장로 시절을 되돌아보면서 말씀 준비에 얼마나 있는 힘 다 쏟아부으셨을까. 위로하는 방법을 찾다가 예배 마치고 인사 나눌 때마다 "말씀에 은혜받고 갑니다." 손 맞잡고 작별하는 것, 그것밖에 드리지 못했지요. 오늘 하루도 평안하세요. ^^ 사랑합니다. 우리 목사님!

담임 목사

    감사합니다. 장로님! 그런 말씀 안 하셔도 보는 것만으로 큰 힘이 됩니다. 강단에 설 수 있음에 감사하면서도 항상 부족함에 고뇌가 되네요. 장로님께서 지금껏 자신과 싸우시는 모습에 비하면 저는 한참 멀었네요. ^^ 그래서 더 기도가 필요하고 성령의 도우심이 절실합니다. 오늘도 봄 아지랑이를 기다리며 쌀쌀함 속에서도 삶의 온기가 곳곳에 누려지시기를 기도합니다. 감사합니다.

2023년 2월 23일

담임 목사

    장로님! 오늘 교회에서 노회 행사가 있어서 정신이 없었네요. 보내주신 영상처럼 날씨도 너무 좋네요. 따뜻한 오후 되시구요. 감사합니다.

玄愚 화백

    목사님! 노회 행사 주관하시느라 수고 많았습니다. 오늘 옛 제자가 안부 겸 집에 들렀다가 함께 나들이하자고 해서 잠깐 교외에 나왔더니 매화가 많이 피었어요. 칠순을 바라보는 제자가 구순의 옛 스승에게 맛있는 점심 대접해주고 해도 해도 끝이 없는 학창시절 추억담에 오늘 봄 날씨처럼 따뜻한 사제의 정으로 꿈결 같은 시간이었어요. 나이 들면 추억을 먹고 살아간다고 했던가요. 행복한 시간이었어요. 환절기 건강에 유의하시고 좋은 오늘 날씨처럼 포근한 오후 보내세요.

2023년 3월 3일

담임 목사

네 장로님! 그렇지 않아도 어디 아프신가 했습니다. 홍매화 꽃이 가득한 시절이네요. 봄의 생기가 넘쳐나시기를 기도합니다. 좋은 밤 되세요.

玄愚 화백

아내에게 신경 쓰다 보니 어느새 한 주가 지나버렸어요. 카톡으로 거의 날마다 소식 교환하다가 응답이 없으니까 아파서 병원에 있는 줄 아는 친지 몇 사람이 염려의 전화를 오늘도 세 사람이나 주셨어요. 사람에게 일상 그대로의 삶이 얼마나 귀중한지 모릅니다. 서울에서의 작품전시회에서 만나 작품애호가가 되어준 어느 여자 분은 소식이 궁금해도 저의 생사가 염려되어 전화를 못했다는 말을 듣고 저의 일상의 소중함을 새삼 느낀 한 주가 되기도 했어요. 그리고 있는 작품 때문에도 건강 잘 지켜야겠다는 생각을 다시 한 번 해봅니다. 이 밤도 평안하세요. ^^

담임 목사

네 장로님! ^^ 하찮고 평범하고 영원할 것 같은 일상이지만 후에 보면 고귀하고 특별하고 한 번 밖에 없는 하루하루였음을 깨닫게 되는 것 같습니다. 강건하셔서 소중한 일상을 지켜내 주세요. 장로님의 일상은 사랑하는 사람들의 특별한 일상이기도 하니까요. 감사합니다. 좋은 밤 되세요.

담임 목사

5여전도회 하고 성경공부 하고 이제 왔네요. ^^

2023년 3월 24일

玄愚 화백

"배려(配慮)의 힘 / 詩人 박목월"

玄愚 화백 : 사진

담임 목사

 좋은 글 감사합니다. 어머니의 배려에는 희생이, 아버지의 배려에는 사랑이 묻어납니다. 그것을 보여줌으로 아들은 세상의 아름다움을 배우고 체득하게 되네요. 귀한 글 보내주신 장로님의 배려로 오늘 하루도 힘내서 살게 됩니다. 봄비가 촉촉이 내려 좋기도 하지만 건강에는 해로우니 오늘도 따뜻하게 잘 지내세요. 감사합니다. 장로님!

玄愚 화백

 목사님! 가난은 자랑스러운 건 아니지만 사람의 마음가짐에 따라서는 이렇듯 잔잔한 감동을 줄 수 있구나! 느껴보는 봄비가 촉촉이 내리는 아침입니다. 겨우내 만들었던 작품은 액자 제작 중입니다. 언제나처럼 고이 길러왔던 딸을 시집보내는 아비의 마음입니다. 소중하게 사랑받기를 원하는 마음이지요. ^^ 이젠 더위가 오기 전에 더 큰 120호 대작에 도전하려고 합니다. 기력이 남아 있는 동안에 심신이 온전할 때 감사하는 마음뿐입니다. 또 응원해주세요!

담임 목사

어제는 광양에서 노회 모임이 있었는데 식사 자리에서 금호고등학교 다닐 때 김덕기 장로님 제자였다고 하시는 목사님을 만났습니다. 하도 경황이 없어서 누구이신지 기억이 안 나는데 그분은 연락처가 있다고 하시더라구요. 곳곳에, 장로님을 기억하시는 분들이 많습니다. 구순 전시회 이야기했더니 존경을 표하셨네요. 장로님께서 새롭게 도전하시는 모든 것들이 참 제자들에게는 귀감이요, 기쁨이요, 격려임을 잊지 마시고, 하고자 하시는 모든 것들을 무리되지 않게 건강한 가운데 즐거운 마음으로 임하셔서 장로님 사랑하는 분들에게 또 한 번의 힘을 나누어 주시기 바랍니다. 봄비 지나면 벚꽃이 만발할 것 같네요. 장로님의 작품도 함께 꽃피겠네요. 오늘도 샬롬하시구요. 감사합니다.

玄愚 화백

　노회 모임이 광양에서 있었군요. 제자 중에서 목사님이 두 자릿수는 될 겁니다. 가끔 만나는 분도 있고 수시로 안부를 교환하는 등 여럿입니다. 옛 스승을 잊지 않고 기억해주는 것만 해도 고마운 일이지요. ^^

담임 목사

　네 장로님! 미술 작품도 사람 작품도 많으시네요. ^^ 점심 맛나게 드시구요.

2023년 3월 29일

玄愚 화백

　** 1948년생 소설가 김훈(76세)의 노년 철학!

담임 목사

　감사합니다. 장로님! 글 쓰시는 분의 글이라 깊이와 글의 힘이 역시 다르네요. 『칼의 노래』라는 소설을 읽으면서 이순신의 고뇌와 위대함을 느낄 수 있었는데 이 분도 어느덧 연세가 깊으셨네요. 오고 가는 것 인간의 마음대로 되는 것이 아니기에 늘 삶을 정리하면서 살아가야 한다고 개인적으로 생각했는데…… 글 중에 인생을 '미한하다' 네 글자로 요약하는 인생이나 똥을 백자 항아리에 담아 냉장고에 담아둔 꼴이라는 말처럼 저도 쓰레기를 잘 정리하면서 살아야겠다는 마음을 다시 한번 가지게 하네요. 오늘 하루도 비울 것은 비우고 채울 것은 채워 존재할 때는 아름답게 떠날 때는 깨끗하게 나그네 인생 가운데 의미 있게 살기를 애써보렵니다. 봄의 기운이 가득하셔서 오늘도 넉넉한 기운으로 살아가시기를 기도합니다. 감사합니다. 장로님!

玄愚 화백

같은 사물에 접하면서도 예리한 눈과 범상한 눈이 이렇게도 다르구나! 느껴봅니다. 하루가 멀다고 장례현장을 집례하시는 목사님의 초인적인 모습에 저절로 머리가 숙여졌었는데 고맙기도 하고 안쓰럽기도 했어요. 전번의 작품 어느 장소에 걸게 될까, 기다렸었는데 어제 결정이 났다네요. 시에서도 많이 궁리를 했나 봐요. 이번 박람회에서 밤의 정원의 색다른 체험을 위해 가든 스테이를 세계에서 처음으로 운영하게 되고 숙박객을 위해 만들어진 호텔급 레스트랑에서 VIP 오찬회를 갖게 되는데 그곳에 걸면 어떨까, 작가의 의향을 물어와서 그렇게 하기로 했어요. 관객들의 사랑을 받는 그림이 되었으면 좋겠어요. ^^ 오늘 하루도 보람 있게 보내세요. 목사님!

2023년 4월 1일

담임 목사

주옥같은 글이네요. 이 글대로만 살면 성숙한 삶을 살겠네요. 4월의 첫날입니다. 한 달 강건하시고 늘 웃는 일만 가득하시기를 기도합니다. 감사합니다.

玄愚 화백

봄이 무르익어가는 사월입니다. 노령 들어 꽃을 많이 그리게 된 저에게는 모티브가 풍부해서 넉넉해진 마음입니다. 100호를 떠나보내고 120호 구상에 한 주가 금방 지나고 말았어요. 저 같은 노인에게도 할 일이 있고 머리를 쥐어짜며 궁리할 것이 있다는 것은 얼마나 감사한지 사춘기 소년처럼 가슴이 뛴다면 한편의 코미디라고 한바탕 웃고 넘길지도 모르겠지만 그럴수록 행복해집니다. ^^ 이런 기분을 여과 없이 토로할 수 있는 목사님이 늘 곁에서 지켜주시니 얼마나 든든한지요! 좋은 계절 지나기 전에 귀한 시간 아껴 쓸 생각입니다. 다시 한번 기도로 기를 더해주세요. 목사님 감사합니다.

담임 목사

꽃을 그리시면서 작은 공간에 갇혀 계실 것을 생각하니 힘드실 것 같아 마음 쓰이네요. 늘 건강 챙기시구요. 바쁘시겠지만 꽃구경도 하시구요. 좋은 밤 되세요.

2023년 4월 13일

담임 목사

〈걷기 대회 언론 기사〉 연결

담임 목사

지난 주일에 서울에서 오신 기자가 걷기대회를 취재했

네요. 저도 인생의 걸음에 귀한 장로님을 만나 함께 걷고 있음에 감사할 뿐입니다. 점심 맛있게 드시구요.

玄愚 화백

걷기대회 기사 잘 보았습니다. 걷기에 대한 저의 소견이 얼마나 상식적이고 보편적인 지식이었음을 알 수 있었어요. 아내를 돌보느라 걷기 대열에 참여하지 못했지만 정말로 의미 있는 행사였지요. 그 의미를 열거하려면 끝이 없지만, 이번 행사가 목사님이 저희 중앙제단을 얼마나 헌신적으로 섬겨 오셨는지 모두들 잘 알았을 것입니다. 그리고 목사님에 대한 신뢰가 더욱 깊어지겠지요. 부디 과로하지 말고 건강 잘 지켜주세요.

담임 목사

감사합니다. 장로님! 의미 있게 여겨 주시니 은혜가 더해집니다. 잘하나 못하나 함께하는 것만으로 큰 의미가 있다고 생각됩니다. 걷기로 못 해도 마음으로 함께해 주신 어르신들도 많네요. 늘 그렇게 함께 해주셔서 감사합니다. 아침저녁 아직 쌀쌀한데 감기 조심하시구요. 감사합니다.

2023년 5월 3일 오전 9:22

玄愚 화백 : 사진

담임 목사

샬롬~! 점심은 잘 드셨어요? 날씨가 많이 꾸물하네요. 이런 날은 기압이 좋지 않던데 건강 유의하시구요. 좋은 오후 되세요.

玄愚 화백

목사님! 어제는 동료의 작품전시회 개막식에 초대받아 정장 차림에 가슴에 꽃 달고 흰 장갑 끼고 황금색 가위로 명사들의 틈에 끼어 테이프 커팅하고 사진 찍고 돌아왔어요. 오늘은 교직 시절의 애제자가 스페인 산티아고 순례를 마치고 50일 만에 귀국한 쾌거를 축하하기 위해서 사제의 정으로 점심을 같이 했답니다. 어버이날과 스승의 날이 들어있는 5월이면 옛 생각에 가슴이 메워오는 느낌입니다. 몸이 늙으면 덩달아 마음도 늙어서 감정도 정서도 고갈되어 가는가 싶었는데 별로 달라지는 것이 없는 것이 참 이해가 안 돼요. 계절의 女王 5월이 가기 전에 해야 할 일이 너무 많을 것 같아요. 곁에서 늘 지켜주시는 목사님이 계셔주셔서 감사합니다. ~^^ 목사님 글에 답장이 늦어진 사연이었어요.

담임 목사

네 장로님! 당연히 좋은 일들로 바쁘셔야죠. 건강에 해만 되지 않으면 그런 일들이 많으셨으면 좋겠습니다. 감정에는 주름이 없고 감정에는 한계도 없어 계속해서 성장 성숙하나 봅니다. 진정 열려져 있기만 하면요. 장로님께서 그런 멋진 분이신 증거입니다. 5월의 좋음을 삶으로도, 감정으로도 많이많이 누리시기를 바랍니다. 샬롬!

玄愚 화백

어버이날 스승의 날이 연이어 다가오는 가정의 달 5월입니다. 곁에서 힘이 되어줬던 선배와 동료 친구들 거의 떠난 자리를 다행히 후학과 제자들이 힘을 보태주고 있지만, 점점 외로워짐에는 저로서도 역부족이네요. 그래도 저의 숨결이 멎을 때까지 최선을 다해보겠습니다. 늘 건강하세요. 샬롬!

담임 목사 : 이모티콘

2023년 5월 20일

玄愚 화백 : 사진

　순천만 국가정원의 봄 / 10P

담임 목사

　무더워지는 계절에 고생이 많으시네요. 장로님! ^^ 채색이 더해져 가니, 신기하게도 계절과 시간의 흐름을 그림 속에서 보게 됩니다. 하나님이 세상을 창조해 가실 때 첫째 날, 둘째 날…… 날이 더해질 때에 이런 느낌이었을까요? 그러고 보면, 장로님은 창조자 하나님의 마음도 더 깊이 알게 되시는 좋은 직업을 가지셨네요. 살짝 더워지면서도 독감도 유행이라네요. 늘 조심하시구요. 감사합니다. 장로님!

玄愚 화백

　목사님! 그동안 소식 전하지 못했습니다. 서울 병원에

다녀와서 흐트러진 마음 추스르고 다음 달에 열리는 회원전에 출품할 작품 때문에 꼼짝 못 하다가 방금 서명하고 붓을 멈췄어요. 몇 군데 출품 요청이 있어서 유채 내음을 계속 맡을 수밖에 없지만 할 일이 있다는 것에 감사하면서 허락받을 만큼만 소중한 시간을 쓰려고 합니다. 내일 될 수 있으면 노티 덜 나게 하고 뵈올게요. 고맙습니다. 목사님 ♡♡♡

담임 목사

네 장로님! 수고 많으셨네요. 절대 무리하지는 마시구요.

2023년 6월 1일

담임 목사

비가 많이 내리네요. 장로님! 창밖에 내리는 비는 감성에 젖게 하면서도 건강에는 좋지 않은 단점이 있네요. 쌀쌀한 날씨 가운데도 따뜻하고 뽀송하게 보내시는 하루되시기를 바랍니다. 새로운 6월에도, 강건하시고, 좋은 작품 활동 이어지시기를 기도합니다. 감사합니다.

玄愚 화백

　몇 해 전까지는 비가 와도 눈이 와도 일기와는 관계없이 그리고 싶은 그림을 그저 묵묵히 그렸었는데 요즘은 비가 오면 침울해져서 바람 불면 안정이 안 되어서 날씨에 따라 그림을 향한 집중력이 달라짐을 느끼면서 많이 늙었구나 독백하곤 해요. 같은 녹색이라도 5월의 녹색과 6월의 녹색은 단순히 농도의 차이만은 아닌 것 같아요. 목사님의 기도에 힘입어 다시 한번 화필 잡은 손에 힘을 더해봅니다. 고맙습니다. ^^

담임 목사

　장로님의 6월의 작품도 5월의 작품보다 한 달이라는 지나간 세월과 사연만큼 차원이 다른 깊이가 있겠네요. ^^ 구름 뒤에 태양은 여전히 떠 있다고 하니 장로님도 얼굴에 태양이 뜨시기를 바랍니다. 점심 맛있게 드시구요.

2023년 6월 9일

玄愚 화백 : 〈믿음〉

담임 목사

 감사합니다. 장로님! 오늘도 힘겨운 날씨에도 작품 활동을 하시는 장로님으로 누군가는 희망을 얻는 하루가 될 줄 믿습니다. 모두가 내려놓으려 할 때, 한 번의 붓질이라도 더 하시려는 이유가 선장과 같다고 생각됩니다. 장로님은 그런 분이시니까요. ^^ 좋은 하루 되시구요.

玄愚 화백

 출품해야 할 전시회가 줄줄이 노심(老心)을 압박하네요. 얼마 전까지만 해도 화필 잡은 손과 어깨에 힘들어 가는 줄도 모르고 시간도 잘 흘러갔는데 요즘에는 작업량도 반의반 정도밖에 안 되는데 팔도 어깨도 아프니 많이도 늙었나 봐요. ^^ 이럴 때마다 먹사님의 애정 어린 격려가 엄청나게 큰 힘이 되지요. 이 나이에 목표가 있고 해야 할 일이 있는 것도 감사한대 이를 감당할 수 있는 신체적 조건을 허락받을 수 있다는 것, 얼마나 큰 축복인지 몰라요. 고맙습니다. 목사님 ♡♡♡

담임 목사

 네 장로님! 한 작품을 출품하는데 젊은 날만큼 빠른

시간에 완성할 수 없어도 지금의 속도는 지금의 깊은 해석과 연륜이 깊게 스며들 것이라 생각됩니다. 보이는 그림만 작품이 아니라 보이지 않은 작가의 고뇌와 열정도 작품의 일부임을 아는 사람은 알 테니까요. 천천히 즐기면서 누리면서 하시기를 바랍니다. 오늘도 파이팅입니다. 장로님! 사랑합니다. 존경합니다.

玄愚 화백

너무 고마워서 목사님이 먹사님이 되었네요. ㅎㅎ

담임 목사

네 목사가 먹사를 잘해야 하는데…… 제가 입이 짧아서…… 먹사는 글렀네요. ^^ 샬롬~!

2023년 6월 16일

玄愚 화백 : 동영상

담임 목사

　영상을 보니, 너무 슬프네요. 노인의 고독에 집중하시지 마시고, 노년에도 청춘으로 살고 계심에 집중하시면 합니다. 어렴풋 이해가 되도 이리 가슴 저미는데, 어르신들의 하루하루가 대단한 하루임이 새삼 실감됩니다. 평안하세요. 오늘 권사회가 기도회를 한다네요. 인도하러 갑니다. 샬롬~!

玄愚 화백

　그냥 유튜브에 나돌아다니는 영상으로만 넘겨버리기에는 너무 절실해서 그냥 지울 수가 없었어요. 저가 실제로 90년 앞으로 9년만 아니 8년 반만 더 살면 1세기를 살게 될 저 생애가 그것도 태어날 때는 일제 치하 하필이면 군국주의 일본이 러시아에 이어 중국까지 평정하더니 우리 말과 글 제대로 못 배운 채 초등학교 입학했더니 담임선생님이 木村(기무라)라는 일본인 교사였고 다음 해 2학년 때 12월 8일 이른바 태평양전쟁이 발발 어리디어린 초등학교 6년간은 한편의 대하소설의 서막이었고~~ 목사님 저의 파란만장했던 대하소설 같은 긴 이야기를 조금씩 털어놓으려고 합니다. ㅎㅎ 얼마나 걸릴지는

모르지만 들어 주실 거지요. 기도회 잘 마치시고요. ^^

담임 목사

저 같은 사람에게 귀한 생애의 조각들을 나누어 주신다니…… 감당할 수 없는 기쁨입니다. 자서전을 써보심도 좋으실 텐데요. ^^ 장로님의 한 시간 한 시간은 조금 젊은 저희들의 한 시간과 밀도가 다름을 깨닫게 됩니다. 기도회 잘 마쳤습니다. 1:40 설교하고 통성기도 했더니…… ^^ 즐거운 오후 되세요.

玄愚 화백

진지하게 들어줄 사람들이 있어서 말씀에 힘이 실리고 살아계셔서 들어주실 주님이 계셔서 통성기도가 온몸을 태울 듯 뜨거워 오면 열기로 맺은 땀방울 쏟은 후의 시원함은 쉽게 표현할 수가 없지요. ^^ 자서전 생각도 가끔씩 해봤지만, 과연 평범했던 내 일상이 누군가에 도움을 줄 것 같지가 않아서 그냥 접어두고 있는데~ 또 한편으로는 그 무시무시했던 일제가 1945년 8월 15일 낮 12시 라디오도 귀했던 그때 일본국의 왕의 울음 섞인 항복 선언 목소리가 소름 끼치도록 작은 몸을 휘감던 그때 저는 순하

디순한 초등학교 6학년 어린이가 외갓집 골목에서 겪었던 세계사적인 그날의 기억이 이상하리만큼 선명하게 생생하게 기억에 남아있는 것이 신기할 따름입니다…… 목사님 앞에만 서면 나도 모르게 수다를 떨게 되네요. ㅎㅎ

담임 목사

그 역사적인 자리에 대한 경험이 있으시군요. 파란만장한 세월이 장로님의 인생의 시간들이었네요 그런 인생으로 아픔을 몸으로 살아주신 선배들로 저희가 이렇게 좋은 세상에 살고 있습니다. ^^

2023년 6월 19일

담임 목사

멋진 연꽃밭이네요. 더위에 시원해집니다. 목회자 축구 하고 있네요. 시원한 하루 보내시구요. ^^

玄愚 화백

전번 월요일에도 목회자축구 하신 것 같았는데 월요일

마다 정해놓고 하시는가봐요. ^^ 기왕이면 멋진 슛 통쾌한 시간 보내고 오세요. ^~

담임 목사

축구를 잘하지는 못합니다. 작년부터 한 주에 한 번 건강을 위해서 하고 있습니다. 되도록 빠지지 않고 해보려고 하고 있습니다. 다른 목사님들이 열심히 하시니 덩달아 뛰게 되네요.

玄愚 화백

잘하셨어요. 목사님이 건강하셔야 교회가 건강합니다. 체력이 받쳐져야 말씀에 힘이 더해집니다. 과로하지 말고 체력 안배를 잘하셔서 포용력 크고 넓은 지도자가 되어주세요. 목사님 화이팅!!

담임 목사

감사합니다. 장로님! 장로님께서도 건강하셔서 교회를 위해 언제까지나 기도해 주시기 바랍니다. 점심 맛있게 드시구요.

2023년 6월 20일

담임 목사

장로님! 하루 잘 지내고 계시죠. 서울에서 함께 사역했던 목회자 그룹들이 부부로 오셔서 함께 시간을 보내고 이제 마무리했습니다. 순천이 너무 좋다고들 하시네요. 좋은 곳에 사니 감사할 따름입니다. 보내신 영상을 보니 친구, 동역자, 동반자가 있음이 좋음을 노래하고 있네요. 인생 가운데 조그만 삶의 한편이라도 나눌 수 있는 사람이 있음은 하나님께 크게 감사할 제목인 것 같습니다. 귀한 마음 늘 나누어 주셔서 감사합니다. 비가 오려나 봐요. 따뜻한 저녁되시구요.

玄愚 화백

좋은 분들과 좋은 시간을 보내신 것 정말 잘하셨네요. 순천이 고향이라서 좋기도 하지만 복잡한 서울보다는 살기 좋은 곳은 저 친지들도 한결같이 부러워하지요. 목사님도 순천에 오시길 정말 잘하셨어요. 모든 것 하나님의 뜻이지만 감사할 뿐입니다. 비가 오다가 그쳤네요. 저녁 시간 평안하세요. ^^

담임 목사

　네 장로님! 잠깐 온 비로 더 깨끗해진 순천이네요. 저녁 맛있게 드시구요.

2023년 7월 8일

玄愚 화백

　목사님! 저의 애청곡입니다. 스마트폰 수신음으로 저장해놓고 수시로 듣고 있어요. 마음은 앞서는데 몸이 따르지 않을 때 이유 없이 마음이 울적할 때 이 음악 들으면 저도 모르게 힘이 됩니다. 장맛비 때문에 습기 차고 우울할 때는 그림 그릴 의욕이 없어집니다. 그림도 날씨와 환경의 영향에 따라 성패가 좌우된 듯하네요. 집중력 감퇴의 영향인지도 모르겠어요. 주말에 더 바쁘신 목사님. 건강 유의하세요. ^^

담임 목사

　샬롬~! 늘 마음으로 저를 만나주시는 장로님으로 힘이 납니다. 가사가 저를 위로하고 격려하는 주님의 음성으로 들리네요. 비가 올 때는 빈대떡 부쳐 먹고 아랫목에서 마음껏 게을러져야 한다잖아요. ^^ 그래야 밝은 날 일하고 싶은 마음이 넘쳐날 테니 장로님도 잘 쉬시면 좋겠네요. 저는 어제오늘 우리 교회 80여 분의 항존직 및 5여전도회 회원들과 NLS 성경공부 1박 2일 수련회하고 지금 왔습니다. 늘 격려해 주셔서, 또 하나 했네요. 갈 길은 멀지만 하나씩 쌓아가고 있네요. 늘 기도와 격려 감사합니다. 주말 잘보내시구요. 무엇이든 절대 무리하지 마시구요. 감사합니다. 사랑합니다.

玄愚 화백

수련회 주관하시느라 수고 많았어요. 모두들 쉬는 주말인데 더 바쁘실 목사님을 어떻게 위로해 드려야 할지 모르겠네요. 건강 잘 챙기면서 늘 평안하세요. 목사님 화이팅!!

담임 목사

아닙니다. 장로님! 목사니 당연히 해야 할 일이네요. 제가 부족해서 그렇지 성도들과 함께 하는 것이 목사로서 최고의 행복이죠. ^^ 늘 감사합니다.

2023년 7월 10일

玄愚 화백

　잠깐이지만 맑은 하늘이 보여서 울적했던 마음의 습기가 가신 것 같은 하루가 되었으면 좋겠네요. ^^

담임 목사

　네 장로님! 변덕스러운 날씨에 인생의 사계절을 봅니다. 모두 다 소중하고 의미 있고 없어서는 안 될 시간들이죠. 장로님의 계절도 너무 귀한 계절입니다. 오늘도 행복하시구요. 축구 왔습니다. ^^

玄愚 화백

　월요일과 축구! 저가 다 상쾌해지네요. 친선경기지만 목사님 팀이 이겼으면 좋겠네요. ^^ 행복한 시간되세요.

담임 목사

　장마철이지만 장마가 더운 여름에는 운동하도록 좋은 환경을 제공하네요. 오후도 좋은 시간 되세요.

2023년 7월 13일

玄愚 화백 : 사진

담임 목사

　네 장로님! 감사합니다. 올해는 작년과 달리 장마가 정말 장~~마인가 보네요. 하지만 그 안에도 은혜가 있고 기쁨이 있는 줄 알고, 행복을 찾아 누리는 하루를 사는 지혜가 있어야 할 것 같아요. 주시는 사랑과 격려에 해가 뜹니다. 장로님의 하루도 좋은 시간들 되시구요. 감사합니다.

玄愚 화백

　어려서부터 들었던 말 중에 "10년 가뭄에는 살 수 있어도 3달 장마에는 살 수 없다"고~~ 지난해 이맘때는 어떻게 지냈던가 궁금해서 일기장을 들춰봤더니 폭염의 연속이었어요. 날씨의 변화처럼 삶의 목표도 시시각각 변하는 것 그건 유소년기에나 겪은 거라 생각했었는데 세상을 살 만큼 살아온 산수, 미수 다 겪고 백수를 향해 가는 지금도 바램과 꿈은 조석변이에요. ^^ 다만 한 가지

바램은 오늘까지 살다가 내일 생의 종언을 맞더라도 그 노인 그래도 멋있었다고 한마디씩 해주길 바라는 마음은 한결같아요. 곁에서 지켜봐 주시는 목사님 덕인지도 모르겠어요. 오늘도 좋은 날 되시구요!

담임 목사

장로님은 이전에도 멋지셨고 지금도 멋지시고 앞으로는 더더욱 모든 사람들에게 더 큰 존경을 받으실 거예요. 늘 강건하시구요.

2023년 7월 14일

담임 목사

열정적인 연주가 더위를 잊게 하네요. 자신의 분야에서 모든 것을 불태울 수 있는 사람처럼 행복한 사람은 없을 것이라 생각됩니다. 연주가 장로님의 붓질과 겹쳐 보이네요. 비록 더 높은 곳을 바라보는 고뇌는 여전히 있지만, 장로님도 한 분야에서 자신을 불태운 분이시니 오늘도 그 행복감이 사그라지지 않는 행복한 하루가 되시기를 바랍니다. 감사합니다.

玄愚 화백 : 사진

담임 목사

멋지십니다. 장로님!

玄愚 화백

광양 성불계곡에서 피서 겸 그림을 그렸지요. 가고 오는 길은 힘들지만 그리는데 집중하면 무아무중(無我無中) 아무것도 생각나지 않아요. 물수건 하나 목에 걸면 폭염도 도망갑니다. ㅎ 오늘처럼 장맛비에 싫증 날 때는 이런 사진 보면 저절로 기분이 좋아집니다. 삶의 보람도 느껴지구요. 오늘도 목사님의 사랑을 피부로 느끼면서 다음 작품의 구상에 잠겨봅니다.

담임 목사

네 장로님! 멋진 무대네요. 오늘도 시원하고 흥겨운 하루 될 것 같습니다. 이 헨리라는 친구가 지금은 더 큰 돈을 벌기 위해서 중국으로 무대를 옮긴 것으로 아네요.

암튼 천재적이라 많은 사람들이 사랑하는 뮤지션이었는데…… 자신의 달란트로 누군가를 행복하게 해줄 수 있다면 참 보람 있을 것 같아요. 장로님은 오늘도 그런 삶을 살고 계십니다. 연주처럼 시원하고 흥겨운 하루 되세요~~ 유치부 성경학교 기도해 주러 갑니다. ^^

玄愚 화백

여름 성경학교의 기억이 밀물처럼 다가오네요. 안수집사 시절 줄곧 고등부에서만 활동했었지요. 교사 부장 연수 합치면 아마 30년도 더 되었을 거예요. 전성기에는 재적수가 100명을 훨씬 넘었고 교사수도 30명도 더 됐을 거예요. 2박 3일 수련회에서는 말씀에 함께 감격했고 세족 행사에는 사제가 부둥켜안고 소리 내어 울부짖던 그런 시간도 있었지요. 지금 시무장로 중에도 그때 학생이었던 친구들이 두세 사람 있지요. 지금 돌이켜보면 그 시절이 저의 생애 최고의 시간들이 아니었던가 생각됩니다. 그때의 성경학교 시절이 다시 올 날을 기다려보면서 올 각급 학교 성경학교가 은혜 중에 진행 성료되길 기도합니다!

담임 목사

네 장로님! 기도 감사합니다. 옛적의 북적임은 쉽지 않아도 새로운 모양으로 교회학교를 잘 세워 주실 줄 믿습니다. 감사합니다.

2023년 7월 19일

담임 목사

오랜만에 해가 떠 집중호우 가운데도 쉬어갈 여유가 생겼습니다. 이제 장마도 마지막을 준비하고 있을 텐데 아무 피해 없이 잘 지나가기를 기도합니다. 어두움 후에 빛이 오며 바람 분 후에 잔잔하고 소나기 후에 햇빛 나며 수고한 후에 쉼이 있네(찬송가 487장). 장로님 가정에도 호우로 피해가 없으신지요? 모든 힘겨움 뒤에 쉼과 회복을 주시는 하나님께서 대한민국에 긍휼을 베풀어주시기를 기도합니다. 오후도 평안하세요.

玄愚 화백

얼마 만에 보는 푸른 하늘인가요. 30도를 넘긴 폭염

이지만, 햇살도 맞고 상사댐 차오른 호수도 볼 겸 때마침 긴 장마에 노스승 안부 궁금해서 들려준 제자 차로 물구경 나섰는데 생각보다 줄어든 호수를 보면서 안도의 가슴을 쓸어내렸던 오후였어요. 돌아와서 찬송가 487장 아내와 둘이서 가만히 불러보면서 수해의 아픔에 눈물짓는 많은 이웃들을 위해 기도합니다. 복된 저녁 말씀을 유튜브로 듣습니다. ♡♡

담임 목사

네 장로님! 행복한 저녁되시구요. 오늘 저녁은 어와나 주관예배(헌신예배)로 드립니다. 지난주 미국에서 5명의 자매들이 와서, 영어캠프를 하고, 상반기 종강을 했습니다. 성경을 암송하고, 놀이를 통해 공동체성과 리더십을 기르는 좋은 학습 과정이라 생각됩니다. 헌신하는 교사들이 얼마나 대단하시던지요. 그래도 중앙교회 미래가 밝습니다. 위해서 기도해 주세요. 감사합니다.

玄愚 화백

상황만 듣고서도 축복으로 넉넉해진 마음입니다. 은혜 넘치는 저녁 되시길 기도합니다.

2023년 7월 24일

담임 목사

    덥고 습한데 시원함을 주는 영상이네요. 비가 오는 중에도 축구를 시원하게 했습니다. ^^ 주일까지는 비가 온다는 예보네요. 감기 조심하시구요. 좋은 한 주 되세요.

玄愚 화백

    수중 축구경기…… 시원하게 경기를 하셨다니 정말 잘하셨네요. 내리 2주간을 교회에 못 갔어요. 주일만 되면 목사님을 만날 수 있어서 좋았고 손 맞잡고 스킨십하고 나면 그 기운을 받아 한 주간을 살아가는데, 힘을 얻을 수 있었는데 아쉬움에 맥이 풀린 상태입니다. 그동안 비에 갇혀서인지 식욕부진으로 기력이 없어 딸애 집에서 지내다가 오늘 집에 돌아왔어요. 습한 날씨에 건강 조심하세요. 늘 고맙습니다.

담임 목사

    따님댁에 다녀오셨다니 안심이네요. 뭐니 뭐니 해도 딸이 제일이죠? ^^ 참고로 저는 아들만 셋입니다. 빨리 장마가 끝나 두루두루 활동하시면 좋겠네요. 언제나 장로님과 이렇게 대화로 영으로 함께하고 있으니 늘 힘내시구요. 감사합니다. 좋은 밤 되세요.

玄愚 화백

아들 셋…… 얼마나 든든한지요! 요즘에는 아들딸 구별 없다고들 하지만 아들만 있으면 딸이 귀하고 딸만 있으면 아들이 귀한 것 같아 부모 마음은 어쩔 수 없나 봐요. 아들 셋에 따님 하나면 금상첨화겠지만 나중 딸 같은 며느리가 셋이나 들어오면 얼마나 복스러운 가정풍경 그려보면 너무 행복할 것 같으니 기대하는 것만으로도 미소가 떠오르네요. 저희는 아들 둘에 딸도 둘이니 아쉬울 것도 없지만 특별히 복이 넘치는 것 같지도 않아요. ㅎ 오늘도 대화로 영으로 위로해 주시는 목사님 고맙습니다.

담임 목사

와 정말 부럽습니다. 장로님! 아들 둘에 딸 둘. 최고입니다. 1등이십니다. ^^

2023년 7월 28일~7월 29일

담임 목사

작은 것에 감사할 수 있는 사람이 큰 감사의 제목도 얻게 됨을 새삼 느낍니다. 빈손으로 온 인생사실 모든 것이 감사인데 죽지 않은 자아가 감사보다 불평하게 만드네요. 오늘도 빈 마음으로부터 다시 시작해야겠습니다. 귀한 하루 은혜가운데 보내시구요. 감사합니다.

玄愚 화백 : 사진

담임 목사

샬롬~! 장마는 가고, 폭염이 왔네요. 철 따라 때로는 강직하기도 하고, 때로는 온화하기도 하고, 우리의 이웃들이 방문해 줍니다. 강한 이웃에게는 부드러움으로 온화한 이웃에게는 사랑으로, 그래도 우리를 찾아옴을 감사하며 살면 좋겠네요. 여름 잘 나시구요, 바깥출입은 항상 조심하세요. 절대 무리하지 마시구요. 주말 행복하시구요.

玄愚 화백

장마가 그치면 폭염이 올 거라고 단단히 벼르고 있었는데 어제도 더웠지만, 오늘은 정말 덥네요. 더우면 옷 옷 벗고 선풍기 틀고 에어컨 켜고 땀 식히느라 부지런 떠는데 그때마다 농사일에 건설의 현장에서 구슬땀 흘리는 수많은 우리의 형제자매들을 생각하면 너무 미안해서 마음이 편치가 않아요. 더욱이 수해에 인명과 재산을 잃고 망연자실하고 있는 우리의 이웃들을 어떻게 위로해 드려야 할지 마음만 앞서는 노구가 답답할 뿐입니다. 다만 이 더위가 지나가면 삽상한 가을이 어김없이 찾아오겠지요. 목사님도 과로 피하시고 주말 평안하세요. ♡♡

담임 목사

네 장로님! 장로님의 마음을 알고 하나님께서 땡볕 가운데서도 힘든 이들에게는 가벼움을 아픈 이들에게 위로를 주실 줄 믿습니다. 점심 맛있게 드시구요.

2023년 8월 14일

담임 목사

네 장로님! 좋은 만남은 큰 힘이 됩니다. 장로님을 만나게 하심도 큰 자산이요 기쁨입니다. 오늘도 덥긴 하지만 목회자 축구를 하면서 약간의 가을을 느낄 수 있었습니다. 늦더위에도 건강 잘 지키시구요. 식사 맛있게 하시구요. 할렐루야!

玄愚 화백

월요일…… 목회자 축구…… 상상만으로도 상쾌해집니다. 뜻이 맞고 마음 같고~ 뛰면서 억수같이 땀 흘려도 즐겁고 소중한 그런 시간이 있었기에 말씀이 밝고 힘 있고 청결감이 있어 행복해지는 저희들 성도의 마음입니다. 식사 맛있게 드시고 평안한 시간되세요. 할렐루야!!

담임 목사

사랑합니다. 장로님! ^^

2023년 8월 24일

玄愚 화백

'VIP'는 누구인가?

담임 목사

장로님은 저의 VVIP입니다. ^^ 아직은 덥네요. 행복한 하루 되시구요. 늘 강건하세요~~

玄愚 화백

"친구야. 나 먼저 간다!" 작별 인사말인데 슬픔보다는 포근하고 사랑스럽고 행복해지기까지 하는 작별인사입니다. VVIP…… 구십 년의 시간을 살아오는 동안 처음이고 어쩌면 다시는 들어볼 수 없는 값진 보석과 같은 말씀을 아낌없이 선물해 주신 목사님을 V자를 하나 더 보태서 마음속에 소중히 보듬고 가렵니다. 세차게 내리는 빗소리에 에어컨을 잠시 껐습니다. 어디선가 귀뚜라미 소리가 들려오는 목요일 정오입니다. 좋은 하루되세요. 사랑해요. 목사님. ♡♡♡

담임 목사

 그처럼 지난 인생이 아름다운 인생임을 보여주는 말도 없는 것 같네요. 아쉬움은 숨길 수 없지만 떠날 날을 받아들이고 준비했다가 이제 고국으로 떠나 언제 볼지도 모르는 이별이지만 소탈하게 인사하고 떠나는 모습. 어린 시절 친구들과 놀다 각자의 집으로 갈 때 나 먼저 간다하며 떠나는 마음에 그 저녁은 쉼이 있고 내일은 내일의 만남이 있고 아쉬움보다 내일 또 보자는 기대를 담아 말하듯 그런 마음이면 죽음은 결코 우리를 이기지 못할 것이라 생각됩니다. 인생의 큰 이별을 소탈한 작별인사로 품어버리는 어른의 성숙함이 제게도 있으면 좋겠네요. 장로님께 많이 배웁니다. 점심 맛있게 드시구요.

2023년 8월 25일

담임 목사

 참 아름다운 광경이네요. 위대하신 하나님의 손길을 보게 됩니다. 스페인 음악은 힘이 있어 좋습니다. 무언가 즐길 줄 아는 사람들 같네요. 주신 영상으로 힘을 내봅니다. 이제 비가 좀 개인 듯합니다. 가을 느낌도 나는 것 같아요. 식사 맛있게 하시고 시간시간 즐거움이 있으시길 기도합니다. 감사합니다. 장로님!

玄愚 화백

어제 하루 세차게 내리던 비구름이 걷히긴 했는데 가는 여름이 아쉬운 듯 잔서(殘暑)를 말끔히 걷어가지는 못한 거 같아요. 아름다운 세상을 창조하신 위대한 예술가 하나님의 오묘한 솜씨를 만끽할 수 있도록 주신 오감(五感)을 이 나이에까지 유지할 수 있도록 허락하신 은총에 조금이라도 보은하기 위해 그동안 기름통에 담가뒀던 한 묶음의 화필을 하나씩 닦아봅니다. 기력은 전만도 못하지만 목사님의 응원에 힘입어 올가을에도 애써보려고 합니다. 기도해 주셔서 감사합니다.

담임 목사

드디어 가을이 왔네보네요. 화필을 하나하나 닦는 장로님의 손길로부터 가을이 시작되는군요. ^^ 이번 가을에도 하나님의 창조의 손길이 장로님을 통해서 아름다운 작품으로 태어날 것이 기대가 됩니다. 좋은 오후 되시구요.

2023년 8월 31일

玄愚 화백 : 동영상

담임 목사

할렐루야~! 조금 덥지만 이제 가을이네요. 8월을 잘 살아내셨고 하나님의 은혜로 채우셨네요. 감사와 기쁨이 넘치는 하루 되시고 내일 9월 은혜로 맞이하시길 바랍니다. 감사합니다. 장로님!

玄愚 화백

어느 때보다 지루하고 힘든 8월이었네요. 기력도 식욕도 떨어진 노령들에겐 더없이 기다려지는 가을이었어요. 8월과 9월의 느낌의 차이가 이렇게도 크게 다가오는 것도 처음인 것처럼 느껴지네요. 이 모든 것이 목사님이 때마다 보내주신 사랑의 덕분이 아닌가 생각합니다. 저희는 요즘 아침에 눈뜰 때마다 복에 겨워 두 눈 감고 묵도합니다. 감사하는 마음으로 9월을 맞으렵니다. 파이팅! 목사님~~ ^^

담임 목사

　네 장로님! 드디어 실력을 발휘할 계절이시네요. 절대 무리 마시구요. 비온 뒤라 그런지 화창하네요. 날씨처럼 좋은 하루 되시구요.

玄愚 화백

　8월이 가고 있네요!

담임 목사

　살아온 세월 중에 지금 이 순간이 최고로 행복합니다. 살기 위한 일이 아닌 사랑하기 위한 하루하루가 되고 짐이 되는 일보다 좋아하는 일을 할 수 있어 행복합니다. 저는 이 부분이 정말 좋네요. 살기 위해 아등바등 살아야 하는 삶에서 같은 하루임에도 사랑하기 위한 하루를 살게 되었다는 성숙함이 참 좋아 보입니다. 남은 몇 시간의 8월도 사랑하는 하루를 살고 싶네요. 감사합니다. 장로님!

玄愚 화백

　춘하추동~ 사계절을 몸소 체험하며 살 수 있다는 건 얼마나 축복받을 만한 일인가 생각할수록 미소가 지어

집니다. 저의 짧지 않은 생애 중에 동토의 땅에는 못 갔었지만 상하의 나라는 몇 나라 다녀올 수 있었지요. 태국 말레이시아 인도네시아 등~ 그림을 그리는 저에겐 사계절의 변화가 얼마나 귀한 소재인지 고마운 일이지요 ^^ 이글거리는 태양을 닮아 황금빛으로 피어나는 해바라기도 초가지붕에 소복이 쌓인 고향 집 겨울도 정겨운 풍경이지요. 목사님이 보내주신 살기 위해 힘겨운 삶이 아니라 사랑하기 위한 하루를 살 수 있었다는 건 얼마나 기쁜 일입니까. 목사님! 사랑해요. 많이많이~~ ^^

담임 목사

네 장로님! 장로님으로 기쁜 한 달이었습니다.

2023년 9월 9일

玄愚 화백 : 동영상

담임 목사

9월에는 노래와 같은 그리움만 사무치는 것이 아니라,

만남도 있어, 좋은 추억들이 쌓여 지는 시간들 되기를 바랍니다. 아침저녁으로 이젠 제법 쌀쌀함도 있네요. 감기 조심하시구요. 주말 행복하시구요.

玄愚 화백

한 주가 눈 깜짝하는 새에 지났네요. 월요 축구 소식 어제 들은 것 같은데 주말이네요. 이 가을에는 어떤 그림을 그릴까 생각하다가 오전이 지나고 여름 내내 거들떠 보지도 않았던 화구 배낭을 펼쳐봤더니 주머니에서 녹아서 비틀어진 사탕 두 개가 나왔어요. 지난봄 복숭아꽃 그리고 있을 때 밭 임자 할머니가 넣어준 것 잊고 있다가… 40대에 혼자됐다는 나보다 두 살 아래의 이름도 모르는 할머니의 근황이 갑자기 궁금해지네요. ^^ 목사님도 변절기 건강 조심하세요.

玄愚 화백 : 동영상

담임 목사

감사합니다. 장로님! 봄이 다시 온 듯합니다. 점심 맛있게 드시구요

2023년 9월 15일

玄愚 화백 : 동영상

玄愚 화백

목사님! 며칠 동안 애 많이 쓰셨어요.

담임 목사

네 장로님! 요즘은 하루하루가 너무 빠르고 분주하네요. 그런 데다 장례가 나면 더 바빠지지만, 그보다 마음도 힘들어져 시간이 필요하네요. 그런 맘은 모른 채 일상은 새벽기도로부터 여러 일정들에 돌고 돕니다. 어디 아프신데 없으시죠? 건강이 제일 좋은 소식이요 신앙에 있어서도 제일 좋은 자산입니다. 장로님! 강건하세요.

玄愚 화백

교회의 역사가 120년을 목전에 두고 있는데 역사가 쌓인 것만큼 성도의 고령화가 높아져서 하루가 멀다고 장례 소식이 이어지다 보면 몸도 마음도 얼마나 힘드실까 싶어 저희의 마음도 편치가 않네요. 전에는 장례보다는 결혼예식이 더 많아서 기쁨과 행복이 슬픔과 아쉬움을 밀어낼 수 있었는데 목사님의 힘든 일과가 너무 눈에 선해 와서 과로에 지치지 않기를 기도할 수밖에 해드릴 수 있는 일이 없어서 야속할 뿐입니다. 목사님! 건강 조절 잘하시고 다음 월요일에는 꼭 축구 빠지지 않도록 하세요. 저희가 안 아프고 건강하게 잘 지내는 것이 목사님을 돕는 일이라 생각하고 노력하고 있어요. ^^ 목사님. 체력 조절 잘하시고 휴식도 잘 취하시고요. ♡♡

담임 목사

네 장로님의 건강이 저의 큰 자산입니다. 늘 강건하세요. 오늘의 한국교회가 그렇습니다. 다음 세대의 문제도 그렇구요. 순천의 처음 교회로 설 때의 황량한 터전이 점점 다가오는 듯합니다. 그러나 그 시절 선배들과 선교사들이 묵묵히 감당했기에 오늘의 풍성한 시대를 맛보았듯 지금의 시절의 힘겨움을 그 시절 어디에 빗대겠습니까? 그저 묵묵히 감당해야지요. 늘 감사합니다. 장로님! 모래사장에서 진주를 찾듯 기쁨을 잘 찾아내는 은사를 주시겠죠. 지금도 장로님으로 기쁩니다. 좋은 하루 되시구요.

玄愚 화백

점심 드시고 잠깐 쉬세요. ^^

2023년 9월 26일

玄愚 화백

목사님! 지금쯤 새벽예배 마치고 혼자 묵상하시는 모습을 그려봅니다. 사계절 아름답지 않은 절기가 없지만 유독 가을철에 공을 들이신 창조주의 솜씨가 인생의 사양길에서 가쁜 숨을 뼈만 앙상한 가슴을 억누르며 몰아쉬는 자칭 호야(好爺)이고 싶은 이 노부(老父)에게 주신 귀한 선물을 소중하게 간직하고 싶어 단풍 고운 색만 골라서 물감을 팔레트에 짜내어갑니다. 손에 익은 화필을 두세 개 꼬오옥 쥐고 하얀 캔버스를 바라볼 때의 행복에 가만히 눈을 감고 기도하는 그 순간이 있었기에 천수를 허락받은 기쁨을 오늘도 수 놓아가지요. 사랑해요. 목사님!!

담임 목사

벌써 단풍이 들었네요. ^^ 세상을 캔버스 위에 옮기며 하나님의 신묘막측 하심을 누구보다도 깊게 체험하실 장로님의 예술적 은사가 부럽기만 합니다. 이 가을도 더 깊고 오묘한 하나님을 깊이 만나시도록 건강 주시기를 기도합니다. 사랑합니다. 장로님! ^^

2023년 9월 27일

玄愚 화백

〈50년 경력 흉부외과(胸部外科) 심장(心臟) 전문의사의 솔직한 한마디!〉

담임 목사

샬롬~!! 좋은 글 감사합니다. 대중과 유행이 주는 생각과 가치를 잘 비평해서 들어야 한다는 깨달음을 얻습니다. 뭐든 적당하게 하고 즐거워하면서 사는 것이 건강한 삶이네요. 오늘도 즐거운 하루 되시구요. 좋은 날씨처럼 좋은 일 가득하시길 바랍니다. 감사합니다.

玄愚 화백

샬롬~ ^^ 세월을 빗대어 과녁을 향해 날아가는 화살 같다더니 벌써 가을~~ 아쉬운 대로 90살에 좀 더 머무르고 싶었는데 이제 3달만 있으면 92살이 됩니다. 마음은 그대로인데 숫자는 자꾸만 쌓여갑니다. 요즘에는 오기? 가 생겨 100살까지 채워보자고 맘먹었어요…… ㅎ 이발도 자주 하고 옷차림도 신발도 모자까지 있는 것 다 바꿔 입고, 될 수 있으면 행복한 생각 많이 하면서 살아가려고요. ^^ 좋은 음악 자주 듣고 아름다운 풍경 자주 접하고 선하고 밝은 생각 많이 하고 지내려고 합니다. 내가 사랑하는 목사님 만날 때마다 더 따뜻하게 포근하게 꼭 안아드리려고 해요. 목사님. 우리 지금처럼 따뜻한 얘기 서로 주고받으며 주 안에서 행복합시다. 목사님! 사랑해요. ♡♡♡

담임 목사

감사합니다. 장로님! 장로님의 소중한 시간 한편에 부족한 저와의 시간이 있음에 황송할 뿐입니다. 많은 사람들이 인생의 단풍이 들어가는 것을 서글퍼 하다 누릴 수 있는 것조차 누리지 못하며 살아가는데 장로님께서 비록 육신은 후패하나 영은 날마다 새로운 신앙의 승리와 인생의 성숙을 보여주심에 저도 배우고 따라가겠습니다. 목표하신 것은 꼭 이루시기로 약속하시구요. ^^ 그렇게 될 줄 믿습니다. 좋은 하루되세요.

2023년 10월 2일

玄愚 화백 : 사진

담임 목사

토요일에 문자를 찍어놓고 보내지를 않았네요…… ㅎㅎ 이리 정신이 없네요. 슈퍼문을 보셨군요. ^^ 사진 잘 찍혔습니다. 강아지가 사람 같네요. 엄마가 따로 없네요. 어떤 모양이든 진심으로 사랑을 나눈다는 것은 아름다운 것 같습니다. 오늘도 좋은 하루 되시구요.

담임 목사

사진이 정말 멋지네요. 때론 사람은 정말 대단한 것 같아요. 그래서 교만해지는 것 같아요. 하지만 사람이 대단

할수록 그를 지으신 하나님은 더 대단하시다는 것을 생각하면 되는데 사람은 그 회로가 고장이 났나 봐요. 멋진 사진 감사합니다. 사진기가 핸드폰으로 와서 이제는 모든 사람이 사진사지만 그래도 작품을 찍는 사람의 손길은 특별한 것 같습니다. 이제 완연한 가을이네요. 감기 조심해야할 계절이네요. 늘 강건하시구요. 좋은 하루 되시구요. 감사합니다.

玄愚 화백

구름 사이로 보이는 슈퍼문을 찍기는 했는데 스마트폰으로는 한계가 있었네요~ 강아지와 아이의 모습을 보면서 티 없이 맑은 사랑을 다시 배우고 싶은 동화 같은 마음입니다~ ^^ 사진이 아무리 멋있더라도 지으신 하나님의 창조물의 재구성에 불과하지요. 재구성의 솜씨를 예술이라는 말로 즐기고 칭송하는데서 머물러야지 유한한 인간의 능력으로 어찌 무한한 창조주 앞에서 교만할 수가 있겠어요. 언젠가 친한 친구가 저에게 노오란 민들레 꽃을 그려달라고 해서 평소엔 그저 자생으로 자라는 봄꽃으로만 알고 있었는데 닮게 그리려고 했더니 쉽지가 않았던 기억이 납니다. ~ ^^ 오늘 10월의 둘째 날 좋은 시간되시길~~!!

담임 목사

 하나님의 창조의 손길에 장로님의 예술적 감각이 더해져 장로님만의 새로운 민들레 작품이 되었네요. ^^ 햇살이 좋네요. 즐거운 한때 되세요.

2023년 10월 6일

玄愚 화백

 〈있을 때 잘해!〉

담임 목사

 감사합니다. 장로님! 정말 좋은 말씀이네요. 이대로만 살아도 성공적인 삶이겠어요. 있을 때 잘하며 사는 삶. 며칠 글이 없으시기에 어디 아프신가 연락해보려 했는데 이렇게 연락 주셨네요. 잘해드리지도 못하는 전데…… 늘 감사합니다. 오늘도 좋은 가을날 되시구요.

玄愚 화백

　며칠째 소식 못 드려서 걱정 끼쳐서 미안합니다. 일반인들은 무소식이 희소식이라는데 유독 노인들의 무소식은 걱정을 끼치게 되는 줄을 알고 있으면서도 어쩌다가 실수를 했네요. 아내를 대신해서 집안 정리를 하다보니까 환절기가 되면 여름철 용품을 걷어 들이고 겨울 채비를 하느라 이것저것 신경쓰다 보니 대단치도 않은 일하면서도 여유롭지가 못했네요. 늘 저희를 위해서 염려해주시는 목사님 너무 고맙습니다. ^^

담임 목사

　그러셨군요. 고생이 많으시네요. 무리가 되지 않으셔야 할 텐데…… 도움을 못 드려 죄송합니다. 저도 내년 정책을 세우느라 정신이 없네요. 특별한 것도 없을 텐데…… 기도해 주세요. ^^ 좋은 하루 되시구요.

玄愚 화백

　계절은 순간의 멈춤도 없이 흘러가네요. 새해의 출발이 엊그제 같았는데 내년 정책 수립에 전력투구하시는 목사님이 피곤에 지치지 않게 힘을 더해주시기 위해 모든 성도들이 기도로 응원하고 있으니 힘내시기 바랍니다. 진즉 한번 말씀드리려고 했었는데 주보를 볼 때마다 시각적으로 거의 완벽하다는 느낌을 줍니다. 모든 정책이 교회의 작은 틈새에도 목사님의 세심한 배려가 느껴져서 마음의 안정을 갖게 하지요. 고마우신 목사님 오늘도 화이팅!!

담임 목사

네 장로님! 감사합니다. 주보 글씨가 작아서 그것이 어른들에게는 죄송한 부분이네요. 정 장로님께서 주보를 잘 만들어 그렇습니다. 부족해도 잘한다 격려해 주시니 더 힘을 내고자 하는 마음이 생기는 것 같습니다. 감사합니다. 좋은 밤 되세요.

2023년 10월 9일

玄愚 화백 : 사진

담임 목사

오늘 날씨가 참 좋습니다. 이런 가을날이 얼마나 될까

요? 금세 겨울 오지 않으면 좋겠네요. 오늘도 오늘의 좋은 일들이 가득하시기를 바래봅니다.

玄愚 화백 : 사진

지리산 뱀사골 단풍길……

玄愚 화백

목사님의 가을 타는 남자~ 라는 고백이 이렇게 친근하게 다가오는지 모르겠네요. ^^ 저가 우리교회와 연을 맺은 것이 10대 중학생 시절부터였으니까 햇수로는 70년이 넘은 세월이었지요. 그사이 셀 수 없을 만큼 많은 목사님과 연을 맺었는데 헤어질 때마다 매번 소식이라도 오래오래 주고받으려던 마음과는 달리 얼마 지나면 자연스럽게 무소식이 되어버렸어요. 그런데 단 한분의 목사님하고는 계속 소식을 주고받으며 지내고 있어요. 이유는 단 하나~ 목사님 냄새가 덜 났기 때문에~~ 오늘 가을 타는 남자라고 실토한 목사님과는 아마 세상을 등질 때까지 우정이 이어질 것 같아서 기분 좋으네요. ^^ 평안한 하루되세요. 샬롬~~!!

담임 목사

　감사합니다. 장로님! 저를 하나의 인격으로 가까운 존재로 여겨 주시니 감사합니다. 우리교회 사람이 많아 인격과 인격이 맞닿기가 쉽지 않은 듯합니다. 그것이 당연한 듯 여겨지구요. 목사는 목사의 역할을 하는 정도로 관계할 뿐 그 이상이 되기 쉽지 않은 듯합니다. 인간적 모습을 보이면 영적 권위를 갖기 힘들거나 또 다른 구설수에 오를까 봐 쉽지 않다는 시각도 있는 것 같아요. 그래서 외롭겠죠. 그래서 차라리 청년 때가 제일 좋았던 것 같습니다. 아무것도 의식하지 않고 그저 순수하게 열심 낼 수 있었으니까요. 하지만 저는 부족해 가면을 잘못 써서 인간 냄새 많이 납니다. ^^ 앞으로도 사람 냄새 나도 더 사랑해주세요. 좋은 하루 되시구요. 감사합니다.

玄愚 화백

　저가 괜한 말을 했나 봐요. 노인이 되면 어린애가 된다더니 철없이 아무렇게나 생각나는 대로 얘기해서 목사님만 신경 쓰시게 했네요. 우리 교회는 사람 냄새보다는 목사님 냄새가 나기를 좋아하니까요. 저의 바람은 저의 숨결이 멎을 때까지 지켜봐 주시고 본향에 안착할 수 있도록 기도해 주시는 것과 우리교회에서 정년하시고 원로 목사님으로 남아주시는 겁니다. 저의 부탁 잊지 마시고 ~~ 짧은 가을 만끽하시는 오후 되세요. ^^

담임 목사

네 장로님! 무슨 말씀인 줄 아니요. ^^ 장로님께서도 강건하게 오래오래 곁에 계셔주세요. 감사합니다.

2023년 10월 14일

玄愚 화백 : 사진

담임 목사

아멘입니다. 아름다움으로 그려내는 하루로 살아보렵니다. ~^^ 감사합니다.

玄愚 화백 : 사진

玄愚 화백

　목사님! 어느새 10월도 중순이네요. 그리다 치워둔 캔버스 중에서 가을 그림들을 하나씩 끄집어내어 단풍 빛 고운 색 물감의 튜브를 비틀어 팔레트 위에 짜내봅니다. 오늘은 언제였던가. 기억도 아득한 설악산 울산바위를 바라봅니다. 퇴색되어가는 인생의 가을에 고운 단풍 빛을 덧칠하면서 주일 준비에 숨 가쁜 망중한에 저의 마음을 전합니다. 주말 오후 평안하세요. ^^ 목사님! 사랑해요~~

담임 목사

　부족한 종의 망중한을 달래주시고, 오늘도 가을의 정취를 느끼게 해주시니 감사합니다. 지난 작품들도 그냥 둘 것이 아니라, 그림을 꺼내서 덧칠을 해야 하는가 보네요. 인생의 많은 것들이 퇴색됨을 깨닫습니다. 저의 신앙도 은혜로, 성령의 도우심으로 영혼과 신앙고백의 덧칠도 해야 하겠다는 생각이 됩니다. 조금 전에, 세례입교 문답을 했습니다. 어린 친구들의 신앙을 점검하는데 어찌 옛날보다 너무 무게감이 없어서 안타까운 마음도 듭니다. 그래도 이어갈 다음 세대들이 있음에 감사할 따름입니다. 행복한 주말 되시구요. 감사합니다.

玄愚 화백 : 사진

담임 목사

　붓 하나하나에 묻은 물감과 시기가 다르듯 여러 다른 사연과 사랑이 아름다운 색이 되어 더욱 빛나는 작품이 된 듯합니다. 작업실도 작품이네요. ^^

2023년 10월 18일

玄愚 화백 : 사진

담임 목사

　좋은 영상 보다가 갑자기 여러 일들에 눈이 팔려 답을 못했습니다. 색감이 너무 좋은 영상들이네요. 요즘 단풍은 이상하게도 말라버리는 듯한 느낌도 많은데, 단풍이 살아있는 것 같아요. 정말 한번 걸어보고 싶네요. 오늘 시간 나는 대로 자주 보려고 합니다. 좋은 하루 되시구요. 장로님!

玄愚 화백

　단풍 빛깔이 예전보다 못한 것은 대기 오염 등 자연환경 탓이라고 합니다. 자연보다는 인위적인 재해 때문인가 봐요. 20년 전쯤에 목사님을 만났었더라면 저 그림 그리는 현장에도 함께 함께 모시고 갈수도 있었을 텐데~ 아쉽네요. 뭐든지 맘 놓고 하실 수도 없는 교역자한테 아무것도 해드릴 수도 없네요. 그저 음악이나 영상 정도 보내는 것이 전부네요. 과로하시지 말고요. 목사님 사랑해요!

담임 목사

　아닙니다. 장로님! 충분히 많이 주고 계셔요. 저 개인 성향은 시간에 많이 깍쟁이인데요. 그래서인지 정치적인 행보나 특별하지 않으면 만남을 자제하는 편입니다. 성도들과도 편하게 가까이하면 좋지만, 꼭 그렇게 되면, 제가 인격이 부족하기도 하고 그분이 해주신 만큼 만족을 드릴 수 없기에 섭섭이가 찾아올 때가 있더라구요. 이렇게도 저를 존중해주시고, 사랑해 주시는데요. 장로님보다 움직일 수 있는 사람은 전데 제가 못해서 죄송할 뿐입니다. 정책 당회 준비에 마음이 편해지면 한번 찾아뵙겠습니다. 늘 감사합니다. 사랑합니다. 장로님!

玄愚 화백

수요 예배시간이 다가오네요. 내일 답장할게요.

담임 목사

좋은 밤 되세요. 장로님!

2023년 10월 19일

玄愚 화백 : 사진

玄愚 화백

어느새 정책당회의 시기가 되었네요. 당회와의 원활한 소통이 잘 이뤄졌으면 좋겠습니다. 교역자의 행보 하나하나가 보는 눈에 따라 정치로 오해받게 되고 성도와의 격의 없는 소통이 편견으로 보일 수도 있으니 일상의 보폭에 제한을 두지 않을 수 없는 실제가 이해되고도 남습니다. 목사님. 지금까지 정말 잘하고 계십니다. 은퇴한 지도 벌써 스무 해가 지나고 보니 목사님의 마음이 조금은 보이는 것 같아요. 더도 덜도 말고 지금껏 해 오신 것처럼 강약 잘 조절하시고 힘드시더라도 뭇 성도들에게 소망을 품을 수 있는 목사님으로 각인되시길 바랄 뿐입니다. 목사님! 화이팅~~ ^^

玄愚 화백 : 사진

담임 목사

    감사합니다. 장로님! 식사하시겠네요. 여전도회 협의회 회장단 회의에 예배설교와 강의를 했네요. 목회하면 할수록 어렵네요. 부족할 뿐이고 잘했는지는 모르겠지만 나름 애는 쓰고 있는데…… 사랑 가득 담긴 격려로 힘이 납니다. 장로님도 기력 있고 건강하게 오래오래 곁에 계셔주세요. 좋은 오후 시간되시구요.

2023년 10월 28일

玄愚 화백 : 사진

담임 목사

감사합니다. 장로님! 오늘도 가을 향기 가득한 영상과 아름다운 꽃을 선물로 받았군요. 샐린디온의 노래도 오랜만에 듣네요. 잠깐의 쉼을 가졌습니다. 오늘 하루도 깊어가는 가을의 아름다움이 장로님의 삶 속에 가득 넘쳐나시길 기도합니다. 늘 감사합니다.

玄愚 화백

시월의 마지막 주말이네요. 오늘 아침에도 먼저 일어난 아내가 거실에 불을 켜고 TV를 틀고 성급히 소리를 낮춥니다. 덩달아 일어나서 잠깐 묵상기도하고 언제나처럼 서로가 "잘 잤어요" "그래요 잘 잤네요" 아침 인사 나눌 때 "아~감사합니다!" 어젯밤도 아프지 않고 무고했던 행복감에 마주 보고 소리 없이 웃습니다. 이런 일상이 아내의 인지(認知) 증세를 더디게 하고 있다고 주치의가 곁에서 지켜주는 저를 보고 칭찬을 보내줄 때마다 좋기도 하고 쑥스럽기도 합니다. 이런 늙은이의 마음의 여유가 그 근원을 따지자면 목사님의 저에게 주시는 사랑의 힘이 아닌가 생각됩니다. 무르익어가는 단풍의 고운 빛깔처럼 보기만 해도 행복해지는 목사님이 되어주세요. ^~^

담임 목사

　건강하고 행복한 일상이 계속되시기를 기도합니다. 보기만 해도 행복해지는 목사가 된다는 것 그저 은혜가 많이 필요합니다. 기도해 주세요. 행복한 주말 되시구요.

2023년 10월 31일

玄愚 화백 : 사진

담임 목사

　샬롬~! 오늘도 행복한 하루 되시구요. 주신 사진으로 가을을 느낍니다. 알이 든 밤과 가지각색의 단풍들이 다양성의 일치와 아름다움을 보여줍니다. 100미터 미남과 미녀가 있듯 사람은 멀리서 보아야 아름다워 보이는 듯합니다. 그러나 가까이서 밤톨의 찔리는 가시와 단풍의 벌레 먹고 찢어진 면들을 보면서도 아름다움을 발견해낼 수 있는 관계라면 멀리서도 가까이서도 모두 아름다운 세상을 살 수 있지 않을까 싶습니다. 늘 그렇게 바라봐주셔서 감사합니다. 장로님의 사랑으로 오늘도 100미터 미남으로 가까이서도 의미 있는 인생으로 삽니다. 장로님께서도 멀리서나 가까이서나 너무도 아름다운 분이십니다. 자연에 지지 않고 있음에 감사하며 오늘 하루도 즐겁게 보내세요. ^^

玄愚 화백

  목사님의 가을의 단풍 낙엽과 가시송이 속에 윤기 나는 알밤에 대한 멋진 느낌을 다시 한번 음미해봅니다. 사람을 볼 때 외형의 아름다움으로 호악을 따지고 원근으로 애증을 마음에 둔다면 거기에는 이미 한 줌의 사랑마저 고갈되어버린 비애만 남은 건 아닌가 싶네요. 벌레 먹은 낙엽도 쌓인 낙엽 속에 파묻힌 한 톨의 밤알도 마지막에는 비료가 되고 다람쥐의 귀한 먹이가 된다면 자기 소임을 다하고 소멸하는 것이 자연의 순리라면 사람의 진정한 아름다움은 온전한 애정의 근원임을 다시 한번 일깨워주신 우리 목사님을 좋아할 수밖에 없네요. ^~^ 저에 대한 과찬은 늙은이에 대한 위안으로 여기면서 오늘도 감사합니다. ^^

담임 목사

지리산 단풍이랍니다. 오후도 좋은 시간 되세요.

玄愚 화백

지금이 절정인가 봐요. 앉아서 구경시켜주셔서 고마워요. 시월의 마지막 밤에~~

2023년 11월 2일

玄愚 화백

人生이 아름다운 理由(why life is beautiful)

玄愚 화백 : 사진

玄愚 화백

가을 스케치가 무기력하게 보이네요.~

담임 목사

추운데 어디실까요??

玄愚 화백

화순 능가사 부근입니다. 와불(臥佛)로 유명하지요. 단풍은 별로구요.

담임 목사

멀리 가셨네요. 쌀쌀한데 따뜻하게 입으셨겠죠. 무리되지 않는 일정되기를 바랍니다. 좋은 하루 되세요.

玄愚 화백

화구를 챙기고 배낭꾸리고 옷차림 신경 쓰고 일행에 뒤지지 않으려고 기를 쓰고 따라가지만, 기력이 달리는 건 어쩔 수 없지요. 지나가다 잠시 구경하는 산책객들이 노화가의 붓놀림을 보면서 나이를 물어올 때마다 신기하다는 듯 노래하곤 하지요……ㅎ 기분은 100살까지는 버틸 것 같은데 다다음주 정기진료 때는 갖가지 검사를 받을 텐데 주치의가 뭐라고 할지 기대됩니다. 6개월마다 한 번씩 진료받을 때마다 다른 환자 3사람 보는 시간을 저에게 할애해주는 15년째 분당서울대병원 노인내과 교수님하고도 아주 친하게 지냅니다. ^^ 자기 자랑 늘어놔서 쑥스럽네요. 좋은 하루되세요. 사랑하는 목사님!

담임 목사

    스케치를 함께 따라나선다는 것 자체가 이미 대작의 시작입니다. 기력이 있건 없건 붓이 떨리건 힘이 있건 그 모든 것이 장로님의 생애의 작품입니다. 작품은 단지 그림 자체가 아니라 작가의 생애와 숨결까지 함께 가는 것이기에 지금 장로님의 모든 움직임이 작품이요. 그것이 기력이 어떠하든지 그대로의 작품이라 생각되네요. 자랑하고 또 자랑할 만합니다. 산책객으로 대작을 구경할 수 있는 것이 특별한 행운인 것이죠. 오늘도 그런 걸음 걸으셨습니다. 행복한 하루 되세요.

2023년 11월 9일

玄愚 화백 : 사진

담임 목사

    네 장로님! 오늘 하루도 복된 하루 되시구요. 어느 글을 읽다 이런 내용을 보았습니다. 낙엽이 지는 것도 힘이 있어야 지는 것이라네요. 힘이 없으면 나무에서 떨어지지도 않고 그런 나무는 말라죽거나 그런 가지도 말라 다음의 봄에 싹을 틔울 수 없다네요. 그래서 농부들이 그런 나무를 보면 잎을 다 떼 주고 거름을 준다고 합니다. 인생을 순리대로 사는 것이 다 이유가 있네요. 오늘도 낙엽을 떨어뜨리듯 용기 있는 버림과 내려놓음을 하실 장로님을 생각해 봅니다. 겸손한 마음으로 인생의 순리에 매일매순간 용기내시고 계심에 응원하고 기도하겠습니다. 강건한 하루 되시구요. 샬롬~!!

玄愚 화백

날씨가 차가워졌어요. 특히 이른 새벽에 매일 예배인도하시는 목사님! 옷차림 따숩게 하시고 아침 식사도 넉넉히 잘 드시기 바랍니다. 저 역시 오늘 새벽 기도회에서 목사님 말씀 듣고 이 나이가 될 때까지 과수 기르는 농부도 아는 상식도 모르고 있었던 저 자신이 한심했지요. 자칫 한 가닥 생기마저 소진해버린 저에게 삶의 동력이 되어주신 목사님이 든든한 버팀목입니다. 고마운 나의 목사님! ♡♡

담임 목사

　세상 모든 것을 다 알 수 있나요. 장로님은 지금도 충분하고 넘치십니다. 앞의 상식은 농부들만 알면 되죠. 많은 제자들을 가르치신 분이신데요. ^^ 오늘도 좋은 시간들 되시구요.

玄愚 화백

　그렇지요. 그 방대한 세상의 이치를~ 저희가 알고 있는 건 구우일모(九牛一毛)에도 못 미치겠지요. 다만 자연의 아름다움을 찾아 평생을 자연과 더불어 벗하며 살아왔기에 쑥스럽기도 하고요. ^^

2023년 11월 11일

玄愚 화백 : 사진

담임 목사

　오늘 하루도 장로님의 축복을 받으니 힘이 솟습니다. ^^ 그림을 누가 그리느냐에 따라 작품이 다르듯 인생을 누가 살아가느냐에 따라 열매가 다른 것 같습니다. 만일 내 인생을 다른 누군가가 살게 되었다면 저보다 잘 살았겠다 하는 마음으로 겸손하게 살아봅니다. 인생을 잘 사는 지혜를 방금 주신 사진처럼 쓸쓸하고 외롭고 힘겹기도 하지만 그런 것으로 그려가는 것이 아니라 그 가운데서도 희망을 그리고 아름다움을 그려가는 것이 점점 대가가 돼가고 고수가 되어가는 것이겠죠. 장로님은 그림에도 고수시고 인생에도 고수이십니다. 오늘도 힘겨움에도 감사로 그려 가시는 하루 정말 복된 하루요, 아름다운 하루이십니다. 저도 그렇게 살아보려고 애써보는데 쉽지 않네요. 또 하나 배워봅니다. 좋은 하루 되시구요. 감사합니다.

玄愚 화백

새벽기도회에 출석한 지가 언제였던지 기억조차 희미해진 저 자신을 돌아보면서 마치 속죄하는 마음으로 목사님의 모습을 유튜브 영상으로 뵈올 때마다 추우나 더우나 비가 오나 바람이 부나 아무 일 없듯이 한결같이 조금의 흔들림 없이 예배를 인도하는 모습을 볼 때마다 목사님의 가늠할 수 없는 신앙의 깊이에 머리가 숙여짐이 한두 번이 아닙니다. 그저께는 온종일 노심(老心)에 먹구름이 잔뜩 끼인 듯이 어둡고 울적했었지요. 오랜 그림 친구가 홀연히 떠났다는 부고를 받고 언젠가 친구 보고 싶다고 서울서 순천까지 달려왔었던 그 날 주고 간 미술잡지 표지에 멋지게 웃고 있던 그의 얼굴 사진을 보면서 자기 작품에 대한 자긍심이 유별나게 강했던 친구와의 이별에 의기소침했었는데 어제는 애제자가 드라이브 시켜줘서 다시 기분을 되찾아주고 갔어요. 오늘도 목사님의 깊은 애정의 격려에 힘입어서 작품구상에 빠져들어가고 있지요. 이젠 가을이 아니라 겨울이네요. 목을 따뜻하게 보호하셔요. 사랑해요. 목사님 ♡♡

玄愚 화백 : 사진

담임 목사

그러셨군요. 살붙이 같은 분을 떠나보내야 한다는 것처럼 아픈 일이 어디 있을까요? 이 땅은 당신을 다 품지 못하여 더 위대한 창작활동을 하시러 새로운 세계로 가셨다고 생각하면 위로가 될까요? 하나님의 크신 위로가 장로님과 함께하시기를 기도합니다. 주말 평안하시구요.

주일에 날씨가 추우면 예배 오신다고 절대 무리하지 마시구요. 감사합니다.

2023년 11월 19일

玄愚 화백

목사님! 올해의 추수감사 주일예배는 은혜로운 분위기가 충만했어요. 특별순서의 샌드아트는 또 다른 감동을 주었지요. 목사님과 인사 나누려고 나오다가 그림 제자였던 권사님이 이 늙은이를 껴안고 식당으로 들어와서 비빔밥과 어묵국 잘 챙겨줘서 맛있게 먹고 나오다가 목사님 찾다가 오랜만에 만난 교우들과 인사 나누고 귀가했어요. 기념선물도 맘에 들고 복된 시간이었습니다. 목사님. 수고많으셨어요. ^^

담임 목사

그러셨군요. 생각보다 날씨가 좋아 다행이었습니다. 얼굴 뵙지 못했지만, 예배에 오셨다니 본 듯합니다. 1, 2, 3부 예배에서 서로 못 보신 분들이 함께 볼 수 있어서 감사했네요. 한 주간도 오늘처럼 은혜가 넘쳐나시길 기도합니다. 감사합니다. 장로님!!

2023년 11월 24일

玄愚 화백 : 사진

담임 목사

샬롬~! 순간순간 숨 쉬는 것이 기적임에 오늘도 감사하며 시작합니다. 이제는 정말 겨울이 온 듯합니다. 새벽에는 제법 바람도 셉니다. 저도 부흥회가 끝나서 긴장이 풀려서인지 감기가 왔네요. 장로님께서도 감기 조심하시구요. 오늘도 행복이 가득 깃든 하루가 되시기를 기도합니다.

玄愚 화백

그동안 과로하실까 걱정했었는데 새벽부터 밤까지 쉴 틈도 없이~ 감기까지 찾아왔으니 어떡하면 좋아요. 한시바삐 쾌유하시기 바라요. 부흥회 기간 직접 참여는 못 했지만, 온라인으로 함께할 수 있어서 감사했어요. 목사님의 건강은 곧 저희 성도의 건강입니다. 오늘도 이 늙은이에게 축복 주셔서 너무너무 감사합니다.

담임 목사

네 장로님! 금방 회복되고 있습니다. 겨울이 되었으니, 감기라는 손님도 왔다 가야겠지요. 이제 가실 때가 되었네요. ㅎㅎ 점심 맛있게 드시구요.

玄愚 화백 : 동영상

玄愚 화백

목사님! 때로는 이런 노래도 들어보시구요. ^^

담임 목사

네 장로님! 차 한 잔의 여유네요. 오후도 좋은 시간되시구요.

2023년 11월 25일

玄愚 화백 : 사진

담임 목사

    오늘 날씨가 많이 쌀쌀하네요. 겨울이 실감 납니다. 바깥 출입하실 때 따뜻하게 입으시구요.

玄愚 화백

    11월의 마지막 주일…… 젊은 시절에는 시간 흐름의 속도가 실감 나게 느껴지지 않았는데 60대부터 속도감이 감지되더니 70대를 거쳐 80대를 지나 90대로 들어서기까지 시간의 흐름의 속도가 빨라지더니 이젠 걷잡을 수 없는 격랑의 소용돌이에 휘말린 느낌이라면 과장된 허풍일 것 같아서 조심스럽기까지 하네요. ^^ 누군가가 말했듯이 늙는다는 것은 그 누구도 체험하지도 체험할 수도 없고 모든 사람이 용모도 개성도 다르듯이 늙음도 죽음도 같을 수 없음을 체감하면서 과거의 어제와 현재의 오늘과 미래의 내일을 살아가는 저의 곁에 목사님이 계셔서 얼마나 다행인지 모릅니다. 고마운 목사님! 샬롬 ***

담임 목사

그 빠른 세월의 흐름 속에 부족한 저를 기억해주시고 함께 살고 있음에 감사를 표현하시니 그저 감사할 뿐입니다. 빠르거나 느리거나 우리의 느낌일 뿐 세월은 그대로 흘러갈 텐데 중요한 것은 오늘도 흘러가고 있다는 것입니다. 온 우주의 시간 속에 현재를 사는 사람 속에 수많은 사람들이 있지만 한 하늘아래, 같은 땅에서 살아가고 있음도 하나님의 특별한 은총임을 고백하지 않을 수 없습니다. 흘러가는 시간을 가치 있게 붙잡는 지혜가 감사라는 것을 오늘도 장로님을 통해서 깨닫게 됩니다. 감사합니다. 장로님~! 남은 하루도 평안하시구요.

2023년 12월 9일

玄愚 화백 : 동영상

담임 목사

샬롬~! 어제 그제는 우리 교회 목사 수련회를 다녀왔습니다. 오랜만에 교제하고 연합하여 좋은 시간을 가졌습니다. 말씀은 못 드렸고 드리기도 부끄럽지만 3년이 되어 가는데도 부목사들과 팀을 이루는데 너무 어려웠습니다. 이제 조금 되어지는 듯합니다. 동역의 관계, 상하의 관계, 리더와 팔로워 여러 가지로 쉽지 않은 세상이네요. 더 성장이 필요한 것 같습니다. 베사메무쵸는 스페인어로 나에게 많이 키스를 해줘! 라는 뜻이라 그런지 마음 설레게 키스하는 사진이 많이 나오네요. 항상 마음은 젊게 오늘도 청춘으로 사시며 그 청춘의 열정과 사랑을 나누시는 모습이 귀하고 감사합니다. 언제 추워질지 모르는 때에 늘 따뜻하게 지내시구요. 감사합니다. 장로님!

玄愚 화백

잘하셨네요. leader와 follower 쉽지 않은 과제를 해결하기 위해 부단한 노력을 하시는 모습이 눈에 선합니다. 목회자는 목회자끼리 저희들 미술인은 미술인끼리 동질감 앞세우고 잘 어울리기 쉬울 것 같지만 화합하기가 더 어려운 것이 개체의 사람이 아닌 인간의 관계인가 봐요. 그 누구보다도 잘하고 계시는 우리 목사님이 자랑스러워요. ^^ 베사메무쵸. 언제 들어도 신나는데 예쁜 영상까지 곁들여지니 속없이 젊어진 것 같네요. ^^ 연말이 되니 모임도 많아져 오늘도 두 군데가 있는데 한군데만 참여하려고 맘먹고 있어요. 주말 평안하세요. 목사님 Fighting!

2023년 12월 12일

玄愚 화백 : 사진

담임 목사

명답입니다. 장로님! 삶을 여유스럽고 넉넉하게 사는 지혜가 있어야 하는데 그 지혜가 부족하네요. 오늘도 그 지혜를 찾아봅니다. 그저 열심히만 달리는 것이 아니라 멈추어 돌아온 길을 바라보며 잠깐 쉬어갈 수만 있다면 다음은 더 행복하겠죠. 잠깐 쉬게 해주셔서 감사합니다. 비온 뒤 쌀쌀합니다. 추위가 온다는 말도 있던데 건강 잘 챙기시구요. 점심도 맛나게 드시구요. 감사합니다. 사랑합니다.

玄愚 화백

하루에도 12번씩 변하는 것이 사람의 마음이라지만

계속 내리는 겨울비에 자꾸만 움츠리는 감정조절이 쉽지 않네요. 그리도 한가한 나날이었는데 12월! 그것도 중순이 가까워오니까 못다 한 일들이 사람을 바쁘게 만드네요. 하릴없이 무위도식(無爲徒食)하는 것이 더 늙게 만든다고 탄식하는 주변의 친지들을 보면 복에 겨워 위장 짜증(?)으로 오해받을까 조심스러워지지만, 복 받은 것만은 확실한가 봐요. 목사님의 하루가 복으로 채워지시길 바랍니다. ^^

담임 목사

    장로님의 분주함은 많은 사람들의 삶을 풍성하고 아름답게 하는 일이기에 1분 1초가 소중함을 느낍니다. 그 소중함을 계속 나누시기 위해 무리하지 마시고 적당한 움직임이 되시기를 바랍니다. 늘 강건하세요. ^^

2023년 12월 15일

玄愚 화백 : 동영상

玄愚 화백

　겨울비가 계속 내리네요. 짜증 나는 비도 생각과 느낌에 따라 낭만에 젖어볼 수도 있구나~ "비 오는 날의 수채화" 이렇게 멋진 영상을 보면서 질척거리는 비도 창유리에 흐르는 물방울도 음악이 되고 그림이 되고 또 사랑으로까지~~ 목사님! 어제는 전번에 주례 섰던 신혼부부가 10일간의 스페인여행에서 돌아왔다고 인사 왔었는데 얼마나 귀엽고 예쁘던지 할아버지 마음으로 꼬옥 껴안아 줬지요. 작은 우산 하나에 어깨를 나란히 걸어가는 뒷모습이 한 폭의 "비 오는 날의 수채화"였어요. 사랑해요 목사님! ♡♡

담임 목사

　네 장로님! 조석변개 같은 사람의 생각과 감정이 삶의 내용을 바꾸어 가네요. 장로님께서 행복한 하루를 시작하심에 저도 덩달아 행복해집니다. 주례 온 신혼부부가 찾아왔다니 정말 좋으셨겠어요. 저도 몇 번 아닌 주례지만 오히려 그들을 통해서 힘이 나더라구요. 장로님이 주례하셨으니 더 잘 살 거예요. 오늘도 주신 기쁜 마음이 매일 지속되시기를 바랍니다. 저도 "비 오는 날의 수채화"

를 그리는 마음으로 하루 살겠습니다. 권사회 월례회 설교하고 왔네요. 점심 맛있게 드세요.

玄愚 화백

권사회 월례회에 다녀오셨군요. 목사님의 말씀선포가 행해지는 곳마다 축복이 넘치시길 기원합니다! 저희는 고구마 피자로 점심을 대신하고 있어요. 목사님도 점심 맛있게 드세요.

담임 목사

감사합니다. 장로님!!

2023년 12월 26일

玄愚 화백 : 동영상

담임 목사

점심 맛있게 드셨어요? 구례 쪽에 올 일이 있어 지나가는데 노고단에 눈이 많이 왔네요. 장로님 그림이 생각

납니다. ^^ 한 해도 많은 사람에게 행복을 전해주시느라 고생하셨습니다. 남은 하루도 평안하세요~~

玄愚 화백 : 사진

담임 목사

네 멋지고 그리운 그림들입니다. ~~^^

玄愚 화백

구례 산동마을 설경입니다. ^^ 저의 수많은 작품 중에서 스스로 역작이라고 내세우는 그림의 거의가 지리산을 주제로 한 것인데 피아골 뱀사골 노고단 세석평전 바래봉 등 저의 힘으로 갈만한 곳의 풍경은 많이도 그렸는데 그중에서 산동에서 본 지리산을 유독 자주 그렸지요. 나름대로 대작이라고 내세우는 작품으로는 정부종합청사 국무총리실과 서울 시중은행 본점과 지방으로는 순천대학교 전라남도교육청에 대형작품이 소장되어 있어요. 이 모든 일들이 아득히 먼 청장년 시절에 이뤄진 것이라 이젠 추억일 뿐이요. 저의 생애의 족적으로 여겨질 뿐이에요. 그래도 새해의 초봄에 온 마을을 산수유꽃 노오란 빛으로 물들 때쯤 다시 한번 그리고 싶은 "산동의 봄"입니다. 목사님 고향이라 더욱 친근해진 "지리산"입니다. 오늘 하루 남은 시간도 평안하세요. ^^

담임 목사

많은 걸작들을 그리셨네요. 모든 이들의 가슴을 풍성케 해주셨습니다. 많은 사람들이 그 그림들로 마음을 정화하고 평화와 쉼을 얻었을 겁니다. 그것은 사라진 것이 아니라 그들의 영혼에 쌓여있을 거라 믿습니다. 좋은 저녁되시구요. 감사합니다.

2023년 12월 30일

玄愚 화백 : 동영상

〈순천문화재단 '흔적'〉

담임 목사

저번보다 더 자세하게 장로님의 지나온 사연과 작품세계와 철학을 보여주어서 좋습니다. 세상을 아름답게 하는 인생이 가치 있는 인생임을 장로님의 삶과 작품을 통해서 온 세상이 알게 됩니다. 그 뜻이 영원히 제다들을 통해서 장로님의 작품을 통해서 전파되고 기억되기를 바랍니다. 한 해 수고하셨습니다. 새해에도 더 강건하시구요. 감사합니다.

玄愚 화백

겨우 16분 길이의 동영상 만드는데 거의 2개월의 시간이 지났네요. 하고 싶은 말, 보여드리고 싶은 영상이 너무나도 많았는데 허락된 시간을 6분이나 초과했다고 제작팀이 한 소리 들었다네요. 목사님한테도 보여드릴까, 몇 번이나 망설였는데 이렇게 보여드렸어요. 순천 사투리에다 모습도 촌부의 본보기같이 꼴이 말이 아니네요. 쑥스럽고 세련된 모습 어느 곳에도 없는 모습을 보고서도 소탈하고 따뜻하고 관록이 몸이 벤 원로의 풍모를 보여줬다고 위로해 준 지인이 있어서 쪼끔 용기가 났어요. ^^ 올해의 마지막 바쁘신 주말에 잠깐 웃어주세요. ㅎ 목사님!

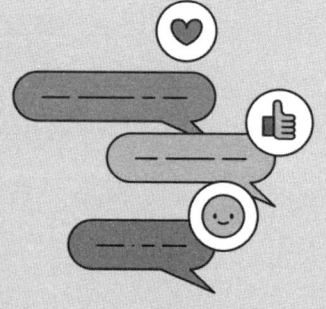

2024년

사랑

—

일상에서 믿음·소망·사랑을
고백하는 시간

| 모란(2022)

2024년 1월 1일

玄愚 화백 : 사진

玄愚 화백

   2024년 새해에는 주님 주시는 평안과 사랑 가운데 건강과 행복이 가득한 한 해 되시길 기도드립니다. ^^

담임 목사

   2023년 장로님의 사랑 덕에 목회를 잘 감당할 수 있었습니다. 감사합니다. 2024년에도 건강하신 용안을 늘 볼 수 있도록 장로님의 건강과 기력을 위해 기도하겠습니다. 새해에도 하나님의 은총이 늘 함께 하시기를 기원합니다. 사랑합니다. 존경합니다.

玄愚 화백 : 사진

담임 목사

   멋진 광경입니다. 새해 모든 일들이 불꽃처럼 아름다운 빛이 되기를 바랍니다. 좋은 하루되세요.

玄愚 화백

    2023 지난해에는 목사님의 기도가 저희 부부의 건강을 지켜주셨어요. 감기 한번 앓은 일없이 잘 지낼 수 있었습니다. 신체적 건강은 물론 정신적으로도 변함없이 창작활동으로 주위를 놀라게 한 것들 모두가 한결같은 목사님의 사랑 덕분이었어요. 새해에도 변함없이 저희의 든든한 지팡이가 되어주셨으면 더할 나위가 없겠어요. 목사님 고맙습니다. 많이 사랑합니다. 새해 아침에 ~~

담임 목사

    모든 것이 하나님의 사랑으로 인한 것이라 믿습니다. 그 사랑을 누구보다 깊은 영혼으로 공감하고 받아들이고 순종하는 장로님의 인격과 영성에 하나님이 담아주신 선물이라 믿습니다. 올 핫도그 선물 많이많이 누리세요. 작품에 대한 이해와 깊이로 하나님의 말씀과 세계를 이해하고 사람들의 삶을 공감해 주니 장로님의 모든 일들이 또 하나의 작품입니다. 그런 의미에서 올해의 작품들도 기대됩니다. 강건하소서~~!!

2024년 1월 5일

玄愚 화백 : 사진

담임 목사

    샬롬~! 며칠 동안 아프시지는 않으셨나 모르겠네요. 연락을 드려야 하는데…… 죄송합니다. 연말연시라는 시간이 목회자에게는 참 분주한 시간이네요. 성도들에게 송구와 영신의 의미를 잘 정리하게 해서 마무리와 새로운 시작으로 아름다운 인생의 시간들을 의미 있게 보내도록 도와야 하는 부담이 있네요. 올해는 주여! 치유하게 하소서라는 주제에 따라 치유라는 부분에 초점을 맞추어 새벽 말씀을 준비하다 보니 이번 주에도 나름 분주했네요. 새해 첫 주를 기도하며 잘 보내셨으니 모두가 한 해 복될 줄 믿습니다. 장로님께서도 늘 평안하고 강건하시고 모든 일에 예수님으로 치유와 회복을 크게 누리는 한 해 되시기를 기도합니다. 점심 맛있게 드세요.

玄愚 화백

    "주여! 치유하게하소서……"

저희는 그저 달력의 숫자만 바라보면서 또 한 살 더했구나.~ 별 의미도 없는 한숨을 내쉬면서 지내는 동안 낮과 밤을 허리 한 번 펼 틈도 없이 분주하게 헌신하시는 것도 깜빡했었으니 뭐라고 변명해야 할는지요. 하지만 어떡할 겁니까. 몸도 마음도 상처투성인 헤아리기조차 힘든 이웃들에게 "주여! 치유하게 하소서~" 한결같은 소망으로 올 한 해 최선을 다해 살아보려고 하는데 자꾸만 어깨가 쳐지네요. 목사님 과로하지 마시구요 ^^

담임 목사
장로님은 마음으로 함께 하시는 것만으로 충분합니다. ^^ 감사합니다.

2024년 1월 15일

玄愚 화백 : 사진

담임 목사
장로님 덕분에 행복합니다. 정말 말이 생각이 되고 생

각은 삶이 되는 것 같습니다. 오늘도 한 번 더 좋은 말을 하고 살기를 다짐해 봅니다. 추운 일기에 감기 조심하시구요. 감사합니다.

玄愚 화백

저도 목사님 덕분에 행복합니다. 이 나이가 될 때까지 수없이 들어왔고 수없이 바라왔고 모든 삶의 정점을 행복에 맞춰 애쓰며 살아왔는데 이제야 그 추상적인 행복이 목사님을 통해 구체화되었네요. 목사님만 떠올리면 이렇게 행복한 것을~~ ^-^ 이젠 이 행복이 오래 변치 않기 위해 아프지 말고 건강하게 살아야겠다고 다짐해봅니다. 오늘도 목사님 때문에 행복합니다. ^^

담임 목사 : 이모티콘

2024년 1월 16일

玄愚 화백 : 사진

담임 목사

좋은 아침입니다. 장로님! 제게는 세 아들이 있는데 서울에 있는 아들이 어제 왔다 오늘 간다네요. 어릴 적에 안고 다니던 애가 이제는 저보다 키가 컸네요. 올해는 군대도 간다네요. 자녀들을 볼 때면 부모는 왜 미안한지요…… 해주지 못한 것 함께 하지 못한 것 많아 그런지 모르겠네요. 하지만 부모가 해주지 않아도 알아서 잘 살기만 하니 대견한 마음도 드네요. 이제 또 간다니 한편 고생하는 듯 안쓰럽지만 결국 제 곁을 떠나 스스로 삶을 사는 것이 그들의 길이니 그저 박수를 보내고 기도를 드릴뿐입니다. 장로님의 자녀들도 효성을 다 하는 것을 보면 참 본이 됩니다. 늘 자녀들의 좋은 소식만 들으시기를 기도해 봅니다. 평안한 하루 되시구요. 늘 감사합니다.

玄愚 화백

세 아들! 얼마나 든든한지요. 욕심 같아선 세 아들에 두 딸이 있으면 정말 다복할 텐데~~ 할아버지의 속된 욕심이지요. ^^ 목사님 마음 너무 잘 압니다. 저는 지금은 2남 2녀지만 애초에는 2남 4녀였지요. 6남매를 잘 길러보려고 부부 교사였던 저희는 얼마나 극성스러웠다고요 ^^ 거의 육아 사전을 몸소 실행하듯 했으니까요. 목사님이 아버지로서 앞으로 겪어야 할 수없이 많은 난제들이 기적처럼 풀리는 것도 육아의 과정이기도 하구요. 자녀의 성장을 지켜보는 것처럼 기쁨과 보람은 모든 인간사에 비할 바가 아니지요. 아버지보다 체구가 커진 아들을 바라보는 아버지의 마음과 첫아들 군대에 보냈을 때의 그때의 몇 마디 말로는 표할 수 없는 아버지의 마음 서로 공유해 봐요~~ 부전자전이라고 훌륭한 인재로 성장할 겁니다. 오늘 모처럼 친구 만나기로 했어요. 좋은 하루되세요. ^^

담임 목사

네 장로님! 즐거운 시간 되시구요. 감사합니다.

玄愚 화백

서울로 떠나는 아들 손만 잡지 말고 꼬옥 안아주세요. ♡♡

담임 목사

네 장로님! 요즘 아이들은 그 정도 스킨십은 쉽게 하네

요. ^^

2024년 1월 23일

玄愚 화백 : 사진

담임 목사 : 사진

담임 목사

    제 방 창가에 청소하시는 권사님이 돌덩이 같은 고구마를 두셨는데…… 어느새 싹이 올라왔네요. 모든 생명과 말씀은 이리도 때가 되면 싹이 남을 보여주네요. 작은 생명의 기운을 느껴봅니다. 오늘도 이 생명의 기운을 주시는 하나님께 감사드립니다. 평안하시구요. 좋은 하루 되세요.

玄愚 화백

    질박한 약탕기에 어울리는 둥근 고구마의 가라앉은 분위기를 생기 넘치는 연녹색 새순의 조화가 마치 솜씨

뛰어난 미술 작품 같아요. ^^ 영하의 날씨에 어울리는 자연의 생동감을 느끼게 해주셔서 고맙습니다. 좋은 오후 시간 되세요.

담임 목사

　오 권사님이 힘드신 데도 교회 청소를 맡아 제 방에 이런 작품을 만들어 주셨네요. ^^

玄愚 화백

　그러셨군요. 교회청소 봉사하신 지가 오래된 분인데 참 고맙네요. ^^

담임 목사

　네 사람이 구해지지 않아 애를 먹고 있었는데, 평소에도 토요일이면 직원도 아닌데 화장실 청소를 늘 하셨는데, 사람이 없다니 자원해서 즐겁게 해주고 계시네요. 교회 전체가 깨끗합니다. 기도해 주세요. 즐거운 오후 되시구요. 장로님!

玄愚 화백

어서 직원이 충원되어야 하는데 구인이 어렵다더니 정말이네요. 나이도 많은 분이 힘드실 텐데~~ 기도할게요.

담임 목사

네…… 구인은 이제 교역자도 그렇습니다. 신학교가 정원 미달이라네요. 부교역자 구하기가 힘들어서, 좋은 분을 택하기보다 충원하기도 바쁘다 보니, 교역자의 영성도 예전보다는 못하구요. ^^ 기도가 많이 필요합니다. 인사가 만사인데…… 참 어렵네요.

玄愚 화백

나이 들면 날로 변하는 세상사에도 둔감하다더니 말씀 듣고 보니 부끄럽네요. 정말로 열심히 기도할게요.

담임 목사

바라봐주시는 것이 기도죠. 늘 감사합니다.

2024년 1월 29일

玄愚 화백 : 동영상

담임 목사

　어제 추운 일기에도 얼굴 봬서 감사했습니다. 교인들이 밀려나오는 시간이라 인사를 오래 드리지 못했네요. 그래도 그 순간으로 모든 안부가 물어지는 듯합니다. 오늘도 축구는 계속되었습니다. 이렇게라도 뛰는 것이 감사할 뿐이요. 한 주도 감기 걸리지 마시고 강건하고 평안한 한 주 되시구요. 감사합니다. ^^

玄愚 화백

　주일이면 영의 양식으로 갈급한 심령 채우고 교우들과 소통하는 것이 저희의 일상이어야 하는데 그 일상이 허물어지기 시작한 것이 어느새 3년이 되었어요. 날짜도 요일도 모르고 지내다가 주일 아침에 머리를 감아 빗질하고 외출복으로 바꿔 입으면 함께 동행하지 못한 울적함에 눈가를 적시는 아내 모습에 미어지려는 가슴 아픔에 열심히 기도드리고 오겠다고 달래고 또 타이르며 집을 나설 때면 잠시 울적하다가도 목사님 얼굴 보면 그냥 행복해지는 늙은 소년이 되어 집에 들어옵니다. 인지력은 잃어가도 아픈 데는 없는 아내가 그렇게 고마울 수가 없어요. 월요일이면 축구를 통해 강건을 보충하시는 모습을 상상만 해도 기쁨이고 은혜에요. 누군가의 말처럼 "남은 날의 첫날이 오늘"이라고~~ 점심 맛나게 드시고 즐거운 시간되세요. ^^

담임 목사

네 장로님! 모든 시간이 소중하네요. 오늘도 소중한 첫날이네요. 식사 잘 하시구요. 감사합니다.

2024년 1월 30일

玄愚 화백 : 동영상

담임 목사

지역에서 기념하는 예술인으로 기억되심에 축하를 드립니다. 수많은 사람들을 아실 텐데 그 가운데 장로님이 아시는 한 사람이라는 것이 감사하고 영광스럽네요. 더 많은 사람들에게 존경과 사랑 받으시고 세상에 의미와 가치를 전해주시는 한 해 되기를 바랍니다. 샬롬~!

玄愚 화백

'유튜브'라는 것의 위력을 실감하고 있는 요즘입니다. 지난주 25일부터 공개됐는데 오늘 6일째 되는데 오늘 보니까 조회 수가 1000명 가까이 되는 거예요. 만약 전문 제작자가 만들었으면 효과는 더 배가하지 않을까 싶기도 하구요~ ^^ 고마운 건 그동안 소식이 단절됐던 지인들이 찾아줘서 그렇게 반가울 수가 없어요. 별로 재미나는 일이 없었는데 살맛나는 한주였지요. 소외되고 적적한 노년에게는 소식을 전해주는 것처럼 기쁜 것이 없는 것 같아요. 올해에도 남은 여력을 다해보겠습니다. 목사님의 격려가 원동력이 되어있음은 재론의 필요가 없구요. 고마운 목사님! 사랑합니다.

담임 목사

네 장로님! 너무 좋은 소식입니다. 장로님으로 다른 분들도 살맛 나실 겁니다. 저녁에도 평안하시구요.

2024년 2월 7일

玄愚 화백 : 동영상

담임 목사

　오늘은 제법 쌀쌀함도 있지만, 교회 주변 홍매화가 하나 둘 꽃을 피우고 있습니다. 2월은 겨울과 봄이 공존하면서 아쉬움과 기대가 함께 있는 달인 듯합니다. 아쉬움도 한편 이전 것에 대한 애정이요. 기대도 한편 다가올 것에 대한 애정이니 삶은 사랑으로 가득차 있는 듯합니다. 오늘도 사랑으로 풍성한 한 날 되시구요. 감사합니다. 장로님!

玄愚 화백 : 사진

玄愚 화백

　얼었던 개울물이 잔잔하게 흐를 때면 예쁜 봄꽃이 피어나겠지요. ^^

　모처럼 활짝 갠 봄빛이 눈부시네요. 어디에서 본 글이 떠오릅니다. "밤이 어두우면 어두울수록 아침의 빛이 눈부시고 겨울이 추우면 추울수록 봄의 따스함이 몸을 부드럽게 한다."구요. 저에게는 옛적의 봄맞이보다 올해의 봄이 유독 따숩고 부드럽게 다가오는 것은 목사님이 야윈 저의 가슴을 감싸 안아주시기 때문입니다. 목사님의 사랑의 힘을 의지하여 올 한해도 무의미하게 보내지는 않을 겁니다. 다시 하려는 저의 목표가 구체화되면 맨 먼저 목사님께 알리겠습니다. ㅎ 귀한 하루되시길 기도합니다.

담임 목사

네 장로님! 무리되지 않도록 천천천 그렇지만 인생을 담은 고수의 손길로 멋지고 아름다운 열매를 맺는 한 해 되실 거라 믿습니다. 점심 맛있게 드시구요. 샬롬~!

玄愚 화백

샬롬 ^~^

담임 목사

네 장로님! 감사합니다.

2024년 2월 13일

玄愚 화백 : 동영상

담임 목사

장로님! 감사합니다. 연휴 후에 시작된 한주라 시동 거는 데 시간이 걸리네요. ^^ 오늘 아침은 조금 쌀쌀한 듯 하네요. 하루 따뜻하게 보내시구요. 오늘도 주신 글처럼 감사를 많이 표현하며 살겠습니다. 감사합니다. ^^

玄愚 화백

달력의 빨강 글씨와는 아무 상관이 없는 나이가 되고 보니 옛적 연휴의 짜릿한 행복감이 더 그리웠던 설날이었어요.~ 자녀들이 아무리 잘 만든 음식도 소박한 아내의 손맛에 오래 익숙했던 입맛을 채울 수가 없어 덜 행복했다고 하면 주책없는 노인 취급받기 싫어서 모른척했네요~ ^^ 새로운 한주가 축복으로 가득하시길 바랍니다. ^

담임 목사

그러셨겠어요. 세월은 점점 그리움의 크기를 더 크게

하는 것 같습니다. 그만큼 새로움이 채워주면 좋은데 그렇지 못해 못내 아쉽죠. 그래서 구관이 명관이요 옛적의 일들을 지금의 것들이 채울 수 없음을 새삼 느낍니다. 가볍고, 순간적이며, 화려함 뒤에 공허함만 가득한 시대라 명절도 음식도 그런 듯합니다. 그래도 맛본 세대만 아는 특별한 추억이 있으니 그리움도 특권이 아닌가 싶네요. ^^ 그렇게 생각하면 또 감사하게 됩니다. 감사합니다. 장로님! 점심 맛나게 드세요.

2024년 2월 22일

玄愚 화백 : 사진

담임 목사

비가 계속 오시네요. ^^ 봄이 더 빨리 오려나 봅니다. 오늘도 화이팅 하시구요. ^^

玄愚 화백

남녘은 겨울비인지 봄비인지 분간할 수 없는 비가 계

속 내리는데 북녘은 대설주의보 소식이네요. 흰 눈을 뚫고 올라오는 샛노란 복수초를 볼 때마다 福壽草! 이름에 걸맞게 꽃말도 '영원한 행복'이랍니다. 원산지도 우리나라여서 더욱 정이 가구요~~ 언제부턴가 한겨울의 강추위보다 더 춥게 느껴지는 건 저희 같은 늙은이가 겪어야 할 또 다른 현상인지도 모르지요. 유독 봄이 기다려지는 건 앞으로 내게 남은 봄이 너무 빠르게 줄어든 것 같아서요 ~~ 목사님은 저의 독백을 보듬어 주시겠지요. ^^

담임 목사

같은 시간인데…… 미래를 꿈꾸고 합격을 기다리고 결혼을 준비하고 제대를 준비하고 회복을 기다리는 누군가에게는 한없이 더디고 지금 행복을 누리고 이별을 준비하고 과제를 해내야 하는 누군가에게는 한없이 짧은 것이 참 신비한 것 같습니다. 빨리 시간이 지났으면 하는 마음 지금 이 순간이 영원했으면 하는 마음 결국 우리의 마음이 시간의 크기를 정함을 보게 됩니다. 장로님의 마음이 늘 봄이시니 장로님의 봄은 일 년 365일이라 생각됩니다. 봄만 봄이 아니라 추위도 봄, 더위도 봄 복수초의 의미가 늘 살아있는 봄이시니 남은 봄이 더 많아지셨습니다. 오늘도 생명이 솟아오르는 기운이 장로님에게 힘을 더하는 행복의 하루가 될 줄 믿습니다. 점심 맛있게 드세요. 사랑합니다. 감사합니다.

玄愚 화백

    모든 이의 봄인데 나만의 봄인 양 착각한 부족함이 쑥스럽네요. ^^

담임 목사

    장로님의 봄이 모두의 봄이죠. 장로님의 봄이 행복할 때 다른 사람들에게 그 봄을 전해주시니 다른 모두의 봄도 더 행복할 겁니다. ^^ 오후도 파이팅입니다.

2024년 3월 1일

玄愚 화백 : 동영상

담임 목사

    다가올 봄을 미리 본 듯합니다. ^^ 오늘은 먼 산에 눈이 와서인지 쌀쌀하고 바람도 많네요. 따뜻하게 지내시구요. 2월 한 달 고생하셨습니다. 더 복된 3월 되시구요. 감사합니다.

玄愚 화백

언제 들어도 가슴을 설레게 하는 쇼팽의 '봄의 왈츠' 오늘 아침 피아노 연주를 들으면서 아득히 멀어져 가버린 나만의 청소년 사춘기를 떠올려봅니다. 교복 차림으로 사귀었던 고교 시절의 그때 그 여고생~. 고교 3년 때 어느 봄날 대학생으로 보이려고 아버지의 와이셔츠에 넥타이를 서툴게 매고 까까머리 감추려고 중절모까지 몰래 쓰고 변장 차림으로 꽃구경 갔었던 동천~~. 그때의 흔적을 아무리 찾으려 해도 콘크리트 아파트촌으로 변해버린 삭막함에 아쉬움만 더해갑니다. 아흔을 넘긴 저에게도 분명 피아노의 시인 쇼팽의 '봄의 왈츠'의 낭만은 아직도 희미하지만 남아 있다는 것을 확인해준 오늘은 삼월 초하루입니다. 목사님의 안부 말씀 고맙습니다. 좋은 오후 시간 되세요. ♡

담임 목사

　고등학교 시절의 장로님의 모습이 그려집니다. 그 시절은 빨리 어른이 되고 싶어 했었는데 지금은 그 시절이 그리울 뿐이네요. 그래도 힘이 되는 좋은 추억들이 있으니 원하는 시간에 그 시절을 꺼내어 다시 누릴 수 있음에 감사하게 되네요. 감사합니다.

玄愚 화백

　웃기지요. ^^

담임 목사

　아닙니다. 멋집니다. 저는 못 해 봤거든요. 역시 용기 있는 사람이 미인도 차지하고 추억도 더 많은 법이네요. ^^

담임 목사 : 이모티콘

玄愚 화백

　신학과생과 미대생의 학창시절이 조금은 달랐을 거예요. ^^

2024년 3월 11일

玄愚 화백 : 동영상

담임 목사

　주일에 얼굴 뵈어서 감사했습니다. 늘 반갑게 인사해주시며 활력을 가지고 대해주시니 제가 더 힘을 얻습니다. 권사님 챙기시랴 올해 준비하신 일 하시랴 여러 가지로 분주하심에도 함께 예배하시기 위해 달려 나오심에 감사드려요. 사순절 지나고 4월 초 정도에 시간 내서 식사하시죠. ^^ 이번 한주도 평안하시구요. 늘 강건하세요.

玄愚 화백

　목사님 얼굴 보고 한번 안아보는 반가움과 기쁨과 감사함이 한 주를 조금은 힘겹게 살아가는데 얼마나 큰 에너지원이 되는지 예전엔 미처 몰랐지요. 얼마 전까지만 해도 주일에 교회 가는데 계절에 따라 날씨에 따라 입을 옷 신발 미리 챙기며 친한 교우 만나는 기대감에 그렇게도 즐거워하던 사람이 '내 몫까지 기도해주고 은혜 많이 받고 오라'고 당부하는 야윈 모습을 보면서 탁자 위에 물과 간식을 두고 현관을 나설 때면 맑은 초봄의 하늘빛이 눈물로 뿌옇게 흐려 보이지요. 그래도 감사한 건 '내 몫까지 은혜받고 오라'는 그 한마디를 잊지 않고 해줄 수 있다는 것이 얼마나 위안이 되고 감사한지 몰라요. 물만 떠다 줘도 고맙다 하고 약만 챙겨줘도 고맙다 하고 온종일 고맙다는 말이 가득한 집이 되었네요. ^^ 하루 24시간 어느 시간도 짬 내기 힘든데 저와의 만남까지 마음에 두시니 위로 드릴 말이 없네요. 오늘 축구 하러 가실 수 있을지도 모르겠네요. 과로하지 않기만을 바래요. ♡♡

담임 목사

네 장로님! 저야 열심히 뛸 나이이니 당연히 해야 할 일이구요. 장로님께서도 젊은 날 열심히 사셨고 좋은 열매를 많이 맺어놓으셨으니 저도 부끄럽지 않으려면 당연한 거죠. 약해진 권사님의 모습이 늘 안쓰러울 테지만 장로님의 따뜻한 손길에 권사님은 이전과 동일하게 장로님의 사랑을 감사하고 있으실 겁니다. 오늘도 축구 했네요. 늘 강건하시구요. 좋은 하루되세요.

玄愚 화백

씩씩한 우리 목사님! 저까지 팔팔해지네요. ^^ 점심 맛있게 드세요.

담임 목사 : 이모티콘

2024년 3월 23일

玄愚 화백

♥소망교회 어느 권사님 이야기♥

담임 목사

장로님! 감사합니다. 오늘은 전교인 교회 청소일이네요. 사순절 기간 부활절 전에 교회를 깨끗이 청소하는 전통이 순천중앙교회에 있어서 왔네요. 교인들이 북적이니 좋습니다. 주신 예화 설교할 때 필요한 대로 사용하겠습니다. 전에도 예화 하나 사용했었네요. 장로님의 안목이라 누군가 보내준 예화 중에서도 엄선해서 주신 것이라 늘 감동적입니다. 오늘도 좋은 하루 되시구요. 이제 사순절도 1주일 남았네요. 주님의 십자가 사랑과 은혜가 더욱 깊어지는 한주 되시기를 기도합니다. 샬롬~!

玄愚 화백

  이맘때가 되면 더 기쁘고 더 복스럽고 더 은혜로움에 겨우내 움츠렸던 메마른 가슴이 한껏 부풀어옴을 느끼게 됩니다. 부활절을 맞는 행복이 전교인의 교회 대청소의 손길 위에 더해져서 스스로 삶을 되돌아보게 하지요. 교회 창립 백주년 기념으로 리모델링 위원으로 자재 하나하나의 재질과 색감에 대한 자문에 몸소 참여하면서 100주년을 기리는 뜻으로 100호 캔버스에 장미동산 위에 빛나는 교회를 그려서 미리 설계된 4층 공간에 작품을 설치하고 조명등 스위치를 눌렀을 때 눈물로 그림이 뿌옇게 흐려졌던 그 날이 되살아옵니다. 벌써 17년이 되었네요. ^^ 오늘 대청소 날 뒷짐 지고라도 함께 했어야 하는데 마음뿐이네요. 용서하세요. 목사님!

담임 목사

  그 시절에 드렸던 헌신으로 오늘이 있습니다. 오늘은 오늘의 시대의 후배들이 해야 할 일이 있구요. 계속해서 장로님 같은 후배들이 나오도록 기도해주세요. 오늘 보니 나이 대가 50대 후반 아래는 없더라구요. 아름다운 사명의 명맥을 이어가도록 기도해주시기 바랍니다. 감사합니다. 장로님!

2024년 4월 6일

玄愚 화백 : 동영상

담임 목사

감사합니다. 장로님! 강건하게 한 주 보내셨나요? 부활주일이 지나면 조금 여유 있을까 했는데 역시나 분주했습니다. 제가 감당할 일이 많다는 것이 복이겠죠. 찬송처럼 어둔 밤 쉬 되리니 네 직분 지켜서 일할 때 일하면서 놀지 말아라 낮에는 골몰하나 쉴 때도 오겠네, 일할 수 없는 밤이 속히 오리라 주님을 위해서 일함을 기쁨으로 알고 순천중앙교회에서 일함을 감사함으로 알고 부족한 죄인이 영혼을 위해서 일함을 감격으로 알고 그저 달려갈 뿐입니다. 늘 감사합니다. 장로님! 이제 4월이 되어서 식사 날짜를 잡아보아야 하겠는데요. 대심방 중이라 18일 목요일은 19일 금요일 점심은 어떠실까요? 날짜가 안 맞으면 다시 잡아드리겠습니다. 요즘 꽃이 조금 더 자세히 보이는데 꽃들과 함께 듣는 노래 작사자나 작곡자나 노래하는 분이나 대단한 분들이네요. 그리고 이 글을 보시는 장로님도 대단한 분이시구요. 참 행복합니다. 오늘도 평안하시구요. 새로운 한주, 복된 한주 맞아 다음 주도 기쁨이 넘 (…)

玄愚 화백

목사님 주님을 위해서 일하심도 순천중앙교회에서 일하심도 복되고 귀한 성직이지만 나이 많은 성도의 마음은 휴식도 건강도 돌봄 틈도 없이 오직 한길로 달려가는 젊은 목회자의 모습이 든든하고 아름답지만 조금은 몸을 아끼고 건강도 되돌아 봐주면 좋겠다는 마음이고 생각입니다. 18, 19일 다 괜찮아요. 목사님 편하신 대로 정하세요. 맛있는 음식도 좋지만, 맘껏 얘기할 수 있는 그런 곳이면 더욱 좋겠습니다. 어렵게 내어주시는 시간이 너무 아까워서요. ^^ 좋은 생각 떠오르면 다시 연락할게요. 바쁘신 주말 건강하세요!! 목사님 사랑해요!

2024년 4월 18일

玄愚 화백 : 사진 2장

玄愚 화백

오늘 귀한 시간 함께 할 수 있어서 즐거웠어요. ^^

담임 목사 : 사진 14장

담임 목사

장로님! 텔레파시가 통했는지 사진 올리고 있는데 장로님이 먼저 올리셨네요. 오늘 너무 감사했습니다. 늘 만남 가운데 배움이 있습니다. 함께 할 수 있음만으로 제게는 기쁨이요 감사입니다. 오늘 수고 많으셨습니다. 아드님과도 좋은 시간되시구요. 감사합니다.

玄愚 화백

목회자의 어려운 사역이 얼마나 어려운지를 새삼 마음 깊이 새기게 된 귀한 시간이었어요. 소신 있는 목회를 할 수 있도록 열심히 기도할게요. 힘내세요. ^~^

담임 목사

감사합니다. 장로님! 괜한 소리를 한 듯합니다.

玄愚 화백

아니에요. 백지장도 맞들면 가볍다지 않아요.

담임 목사

과거에는 저도 제가 부족한 것만 생각했는데, 저만 아니라 다른 분들도 그 친구에 대해서 같은 느낌을 받았다는 이야기를 들을 때면 그 자체만으로도 위로가 됩니다. 아무튼, 지혜롭게 잘 해결해 보겠습니다. 오늘 너무 수고하셨어요. 감사합니다.

玄愚 화백

우리 목사님 오늘 새삼스럽게 능력 많고 자랑스럽고 믿음직한 걸 알았지요. 고맙습니다.

2024년 4월 24일

玄愚 화백

〈우생마사(牛生馬死)〉 예화

담임 목사

우생마사! 너무 좋은 말씀입니다. 살면 살수록 인생은 각자의 약점이 있음을 깨닫습니다. 그것을 알고 겸손하게 자신을 돌아볼 줄 알 때 위기의 순간에 겸손이 살길이 됨을 배우게 됩니다. 감사합니다. 오늘도 날씨가 흐립니다. 구름 뒤에 있는 푸른 하늘을 보며 마음은 늘 맑음으로 사시는 귀한 한 날이 되시기를 기도합니다. 사랑합니다. 축복합니다. 행복한 하루 되세요.

玄愚 화백

배워도 배워도 다 배울 수 없는 것이 인생, 삶인가 봅니다. 흐리고 비 올 줄 알았었는데 눈부시도록 쾌청한 봄 날씨네요. 손바닥만 한 작은 뜰에 철쭉이 너무 소담스럽게 피었어요. 어제는 문화예술회관 전시회에서 화우들과 얘기 나누면서 즐거운 시간을 보냈어요. 자칫하면 메

마르기 쉬운 노심(老心)에 감로수 같은 목사님의 말씀에 큰 위안을 받습니다. ^^

玄愚 화백 : 사진

담임 목사

    철쭉도 아름답지만, 장로님 그림의 색감이 더 아름답네요. ^^ 함께 그림과 세상을 이야기할 수 있는 공간이 있어 다행입니다. 교역자들과 회의하고 나니 점심시간이 되었네요. 장로님께서도 점심 맛있게 드세요.

2024년 5월 1일

玄愚 화백 : 동영상

玄愚 화백

    목사님! 어제 진료 잘 마치고 오늘 오후 열차로 내려갑니다. ^^

담임 목사

네 수고하셨습니다. 4월이 지나고 새로운 달 5월이 시작되었습니다. 5월도 강건하고 평안한 나날 되시기를 기도합니다. 늘 감사합니다. 장로님! 사랑합니다. 존경합니다.

玄愚 화백

목사님의 기도가 저의 건강을 변함없이 지켜주고 계속되는 의료사태로 대학병원이 제대로 운영되지 못하고 그 많았던 환자와 가족들이 반의반으로 줄어들어 썰렁한 느낌을 받았어요. 다행히 저의 진료과목이 노인내과라 정상적으로 운영이 되어있어서 검사도 진료도 차질 없이 받을 수 있어서 안도했어요. 이 모든 일이 은혜요 사랑이요. 축복입니다. 목사님! 사랑합니다. ♡♡

담임 목사

감사한 일이네요. 지도자들이 빨리 정신을 차리고 정상화되기를 바랄 뿐입니다. 조심히 내려오세요. ^^

2024년 5월 20일

玄愚 화백 : 동영상

玄愚 화백

  목사님 저의 건강 때문에 걱정을 끼쳐서 죄송해요. 방금 서울대병원 주치의 교수님과 통화했는데 크게 염려할 상황이 아니라고 마음 편하게 지금까지 하던 대로 지내면 된 다네요. 오늘부터 다시 기쁘고 즐겁게 지내려고 합니다. 목사님! 사랑해요. 감사하구요 ♡♡ 검사결과 수치에 맞게 투약하면 곧 회복될 거라고 합니다.

담임 목사

  네 장로님! 무리되는 일 없고 즐겁게 잘 관리해 오셨으니 앞으로도 건강하실 거예요. 스위스 폭포는 정말 절경이네요. 평생 가볼 수 있으려나 몰라요. ^^ 대리만족시켜 주셔서 감사합니다. 날씨가 무더워지네요. 오늘도 좋은 시간들 되사구요. 감사합니다.

玄愚 화백

좋은 일. 즐거운 일. 매사에 감사하면서 지내려구요. ^^

담임 목사

네 장로님! 축구했습니다. ^^

玄愚 화백

잘하셨어요. 무거운 짐 잠시 내려놓고 종횡무진 달리시는 목사님을 생각만 해도 행복해요. ^^

담임 목사 : 이모티콘

2024년 6월 7일

玄愚 화백 : 사진

玄愚 화백

서울은 잘 다녀오셨어요. 어제는 팔마체육관에서 보내시고~~ 건강 조심하시구요. ^^

담임 목사

    샬롬~!! 어제 순천노회와 파생된 노회인 4개 노회(순천, 여수, 순서, 순천남) 연합 목사, 장로 체육대회가 있었네요. 실력과 상관없이 월요일마다 축구를 해서 축구 선수로 뽑혔는데, 다른 노회 젊은 선수들이 많아서 힘과 스피드를 따라갈 수가 없었네요. 격세지감과 세대교체를 깊이 실감하는 시간이었습니다. 건강하게 잘 마친 것만으로도 감사할 뿐이네요. 시찰회 서기로 전체 1,000여 명 노회 300여 명, 우리 교회가 속한 순북시찰회 60여 명 챙기고 운동 후 정신없어 연락을 못 드렸습니다. 어찌 되었든 시합이라 하니 모두들 긴장하고 했던 것 같은데 앓던 이 빠진 것처럼 시원하네요. 장로님 11월 전시회도 그럴까요? 평생 해온 작품세계인지라 가볍게 감당하시리라 생각됩니다. ^^ 오늘도 평안하시고 더위 피하시고 시간시간 즐거우시기를 바래요. 감사합니다.

담임 목사

    참 서울은 건강검진과 큰아들 7월에 군대 간다고 자취방 짐을 어느 정도 가져오는 일로 다녀왔습니다. 오랜만에 방문한 서울이네요. 대학로 동숭교회에서 부목사를 한 적이 있는데 그래서 서울대학병원도 익숙하고 대학로 부근에 자취방을 얻어주었어요. 큰아들 어린 시절도 있고 예배를 동숭교회에서 드리라고…… 전에 서울대학병원 전시회를 언제쯤 했느냐고 여쭙는 것이 그 시기일까 해서 여쭈었네요. 2007년~2011년까지 있었거든요. 암튼 오랜만에 가보니 추억들이 떠오르더라구요. 순천이 정말 작다는 것을 느끼고 왔습니다. ^^ 이 작은 순천에서 온 세상을 다 다녀보고 품으신 장로님이 계시는 것이 얼마나 겸손한 것인가 하는 생각도 해봅니다. 가끔 서울도 가봐야겠어요. 목회에 집중한다고 여기만 있었는데……

玄愚 화백

건강검진도 중요하고 장남 자취방 짐 챙기시느라고 애 많이 쓰셨네요. 저는 그런 줄도 모르고 걱정했지요. 대학로에서 옛 추억에 잠시나마 회상의 시간을 보내신 것 같아 잘하셨어요. 저도 옛적에 젊음의 거리 대학로를 별로 볼 일도 없는데 아내와 함께 거닐었던 때가 있었지요. 저가 전시회를 가졌던 곳은 동숭동 서울대병원이 아니고 분당서울대병원에 개관한 gallery U…… 개관 초대전이였지요. 지금 돌이켜봐도 멋진 전시회였던 것 같아요. 서울! 그립지요. 일주일이 멀다고 찾았던 인사동과 무교동 음식 골목, 덕수궁 돌담길 돌아서 경희궁 서울시립미술관까지 무던히도 다녔네요. 이젠 마음으로만 거닐 수밖에요. ^^ 오늘도 많이 행복하세요. ^^

玄愚 화백 : 사진 2장

담임 목사

　김종필 총재님과 찍은 사진이네요. 장로님께서 많이 행복해 보이십니다. 오늘도 동일한 행복에 날인 줄 믿습니다. 누가 곁에 있어서가 아니라 장로님이 계시니 주변 분들과 온 세상이 행복해지는 거죠. 마치 예수님처럼요 점심 맛있게 드시구요. 오후도 즐거운 시간 되세요.

2024년 6월 19일

玄愚 화백 : 사진

담임 목사

　네 장로님! 어제는 피곤하고 지쳐 경황이 없었네요. 실수하지는 않았나 몰라요. 그래도 장로님을 뵈어 참 감사했습니다. 동네 카페도 괜찮았구요. ^^ 작품을 그리심에 몰입될 때 한 번에 하신다는 말씀이 한편 걱정이 되면서도 도전이 되었습니다. 장로님 정도면 생각날 때 쉽게 그려 가시리라 생각했는데 누구에게나 작품은 해산의 고통과 집중이 필요하다는 것을 새삼 깨달았습니다. 초보는 초보의 수준에서 고수는 고수의 수준에서 작품을 대하는 태도는 한결같다는 것을 알게 되었습니다. 그리고 이미 대가가 되셨음에도 지금 내 앞에 있는 캔버스 앞에서는 초심으로 그려 가시는 장로님의 진지한 태도에 존경의 마음이 더 크게 생겨났습니다. 과거의 작품들은 과거의 시간들 속에서 최고였고 지금의 작품들은 지금의 시간 속에서 최고이십니다. 과거에 지금의 대가이셨다면 작품의 수준을 탓하겠지만 과거의 수준에서 최고였으니 너무 크게 상심하지 않으셨음합니다. 오늘도 꽉 차 있네요. 여유 있는 시간에 내가 원하는 (…)

玄愚 화백 : 〈제주의 봄〉

玄愚 화백 : 〈수국의 계절〉

玄愚 화백

 요즘 그렸던 작품입니다. 어떤 느낌이 드시나요. 〈제주의 봄〉 서명에 90세 나이를 적었는데 올해 만든 작품에는 나이를 표시할 생각입니다. ^^

담임 목사

 네 장로님! 전에 들었던 것처럼 그 나이에 맞게 완숙해져 가는 흔적들이 보이겠네요. 제주도의 하늘과 유채밭이 어찌 그리 맑아 보이는지요? 걸어가는 사람도 자세하게 보이네요. ^^ 수국은 꽃잎 하나조차도 다양한 색을 내고 있네요. 파란색 수국을 보니 파란색도 다양한 색감으로 생동감을 더하네요. 토요일도 출타하셨다고 하셨는데 언제 이렇게 그리셨는지요? 무리되지 않으시길 바라요. 점심 맛있게 드시구요.

玄愚 화백

 〈제주의 봄〉 진청색의 바다와 노랑 유채 꽃밭이 어울리는 풍경인데 떠가는 구름이 마음을 사로잡아 그린 저가

아끼는 작품 중 하나입니다. 목사님께 드리고 싶은데 괜찮으신지요. ^^

玄愚 화백

사모님께는 예쁜 꽃그림을 선물할 생각으로 구상 중에 있어요. ^^

담임 목사

어쩐지 구름이 예사롭지 않았습니다. 제주도 유채밭은 저희 부부 신혼여행의 추억이 있는 곳이네요. 장로님! 아끼시는 그림인데 제가 어떻게…… 자격이 있는지 몰라요. 제 아내에게까지 그림을요~~? ^^ 말씀만으로 힘이 납니다. 더위에 식사 잘 챙기시구요. 오늘도 좋은 밤 되세요.

玄愚 화백

목사님께 어떤 그림을 드릴까 꽤 긴 시간을 생각했어요. 힘드실 때 뭔가 마음이 탁 트인 바다가 생각이 났고 멀리 수평선과 하늘이 맞닿은 한없이 넓은 느낌을 주는 심신이 피로할 때 한숨 돌릴 수 있는 넓은 공간을 느낄 수 있는 그런 그림을 드리고 싶었어요.

담임 목사

　이렇게 저의 입장에서 생각을 많이 해주시고 힘을 주시기 위해 애써주신 것만으로도 얼마나 큰 힘이 되는지 모르겠습니다. 감사합니다. 장로님! 조만간 시간 정해 연락드릴게요. 좋은 밤 되세요.

2024년 6월 29일

玄愚 화백 : 사진

담임 목사

　한 주 동안 고생하셨습니다. 이번 주도 장로님 사랑받은 작품들이 있겠죠? ^^ 평생 사랑의 터치들을 계속하고 계시고 그 터치가 주변 분들에게도 나누어지시니 장로님 주변 분들도 사랑의 터치에 늘 장로님을 존경하고 사랑하는 듯합니다. 비가 온다네요. 감기 조심하시구요. 주말 평안히 보내세요.

玄愚 화백

또 한주가 눈 깜짝하는 동안에 가버렸네요. 이제 7월이 열리기 바쁘게 서울 회원전과 매산 동문전이 함께 오픈합니다. 두 군데 준비하다 보니 6월이 훌쩍 가버렸네요. 몸은 쇠약해져도 다행히 의욕만은 살아남아서 하루하루가 소중하게 쓰이고 있으니 얼마나 감사한지 모릅니다. 나태해지려다가도 목사님의 격려가 보약이 되어 캔버스에 놓아 지는 색감이 생기를 잃지 않은 것 같아 큰 위안이 되고 있습니다. 귀한 주말되시길 기원합니다.

담임 목사

대단하십니다. 젊은이도 2개의 행사를 준비한다는 것은 쉽지 않을 텐데 역시 몸에 밴 고수의 저력이 여기에서 나타나나 봅니다. 즐거움과 함께 강건함도 넘쳐나시기를 기도합니다. 비 오는 날엔 작업이 더 힘드시지 않나 싶습니다. 무리되지 않게 살살 하시구요. ^^

玄愚 화백 : 사진 2장

玄愚 화백

서울전 초대장입니다. 서울전 참석은 안 하기로 했어요.

玄愚 화백 : 사진 5장

담임 목사

장로님의 전시회 관련 자료를 보니 제가 얼마나 큰 인물과 교제를 나누고 있는지 새삼 깨닫게 되며 감사가 절로 됩니다. 특히 매산등 추억전을 위해 쓰신 격려사를 통해서 그림만큼이나 수려한 글솜씨에 마음을 빼앗기게 됩니다. 지난 역사와 현재, 일반사회와 미술계까지, 고루고루 챙기시는 장로님의 세심한 사랑의 마음이 그림만 아니라 글로도 느낄 수 있게 되네요. 장로님을 따라가는 후배들과 함께 하는 미술계까지 장로님과 함께 하는 시간의 소중함을 글귀 하나 속에서도 밀도 있게 다가옵니다. 그런 의미에서, 이번 전시회도 함께 하는 모든 분들에게 성대한 잔치 자리가 될 줄 믿습니다. 장로님께도 행복한 시간이 되시기를 바라고, 기도합니다. 감사합니다.

玄愚 화백

    글솜씨는 목사님을 따라갈 수 없지요. 가끔 후배나 제자들 작품전 축하글 부탁받고 그때마다 고심하곤 하는데 그림보다 어려운 것이 글 쓰는 일입니다. 특별히 이번 "매산 등의 추억 전"은 전통과 역사에 비해 자랑할 만한 작가들이 건재함에도 내세울 기회가 없어서 안타까운 마음과 애교심을 갖자는 마음으로 쓰긴 했는데 저의 작은 뜻이 전해질지는 모르겠어요. ^^

玄愚 화백

    그래도 오늘 칭찬을 세 번째 받았어요.

담임 목사 : 이모티콘

담임 목사

    당연히 받으셔야 할 칭찬입니다.

2024년 7월 1일

玄愚 화백 : 사진

담임 목사

    샬롬~!! 상반기 하루하루 은혜 가운데 보내고 하반기가 시작되었네요. 매일 장로님께서 먼저 안부를 물어주시고 부족한 저를 기도해주시고 생각해 주셔서 사랑과 관심 먹고 건강하게 서 있습니다. 늘 감사드리고 하반기에도 더 강건하시고 더 복된 나날 되세요. 감사합니다.

담임 목사

    장로님! 이제 권사님과 약 나누어 드실 시간이겠네요. 오늘 하루도 수고하셨구요. 내일 오전 11시경에 맞추어 가겠습니다. 내일 비 올 확률이 80%나 되네요. 일찍 나와 계시지 마시구요, 전화하면 나오세요. 좋은 밤 되세요.

담임 목사

    몸에 무리 되시면 다음에 하셔도 됩니다. 비도 오는데 힘드시면 꼭 말씀해 주시구요. 감사합니다.

玄愚 화백

그동안 체력안배에 신경 써서 힘들지는 않겠는데 날씨가 오늘과 바뀌었더라면 하는 아쉬움도 있지만, 비 오는 바다도 그 느낌이 기대됩니다. ^^

담임 목사

네 장로님! 내일은 내일의 은혜를 주실 거라 믿습니다. 그저 함께할 수 있으니 감사할 뿐입니다. 후덥지근하기도 하고, 새벽이면 쌀쌀하기도 한데 잘 주무시구요.

玄愚 화백

건강 해치지 않도록 조심할게요.

2024년 7월 16일

玄愚 화백 : 동영상

담임 목사

사랑하는 장로님! 오늘 하루도 순간순간이 좋은 의미

로 채워지기를 기도합니다. 김수환 추기경님의 좋은 글 감사합니다. 저는 그분의 글 중에 기억하고 있는 것이 "머리에 있는 것이 30cm 아래 가슴까지 내려오는데 수십 년이 걸렸다."는 그 말씀이 기억나네요. 가슴이 따뜻한 우리 장로님은 머리와 가슴이 같아서 많은 사람들을 따뜻하게 품어주시고 좋은 통찰을 나누어 주시니 모두가 존경하고 사랑할 수밖에 없는 귀한 분이십니다. 오늘도 좋은 하루 되시구요. 비가 오지만, 장마 빗줄기 속에서도 한없이 내려주시는 하나님의 은혜가 충만하게 차오르시기를 기도합니다. 사랑합니다. 존경합니다. 샬롬~!!

玄愚 화백

지금까지는 장맛비가 소강상태였는데 새벽부터 호우로 변하고 있네요. 오늘 하루의 소중함은 예나 이제나 한결같은데 요즘 들어 더 귀하고 소중하고 가슴 벅차게 다가옴은 나이 탓만은 아닌 것 같아요. 한창때는 시간의 촉박함에 둔감하여 해야 할 일 미뤄오다가 뒤늦게야 정신차려보니 수족에 힘 빠지고 사고력에 균열이 생기고 몸도 마음도 쇠잔하여 뒤늦게 후회한 촌로가 휘청거릴 때 다시 일으켜 세워준 따스한 손길로 그래도 이만큼만이라도 버텨가게 해주신 사랑하는 목사님의 고마움에 보답이라도 하듯이 화필을 놓지 않고 있지요. 목사님의 뜻하시는 일마다 하나님의 축복이 넘치시기를 기원합니다!

담임 목사

 누군가의 관심과 사랑으로 힘을 얻고 일어서는 것은 어르신들만이 아니라 아이들이나 젊은이나 모두 같은 것 같습니다. 모두 다 사랑과 관심 없이는 살 수 없는 연약한 존재들이니까요. 각기 자신의 인생의 계절에 과제를 안고 살아가고 그것을 홀로 감당할 수 없어 서로를 기대도록 창조하셨기에 오늘 저도 장로님을 기대어 하루를 삽니다. 이사야 말씀처럼 소년이라도 피곤하고 장정이라도 넘어지고 쓰러지되 여호와를 앙망하는 자는 독수리 같은 새 힘을 주신다고 약속하셨듯이 주님을 앙망하고 그 가운데 주신 만남을 소중하게 여기며 서로 의지하며 기대어 살면서 주신 행복을 나누며 천국을 훈련하게 하신 것 같습니다. 장로님으로 오늘 저는 천국을 삽니다. 모두가 기댈 만큼 넓고 따뜻한 어깨를 가지셨기에 장로님은 젊은이처럼 힘 있는 어깨가 아니어도 되십니다. 지금처럼 그 자리에 장로님의 모습 그대로만 강건하게 계셔

주세요. 늘 감사드려요. ^^

2024년 7월 17일

玄愚 화백 : 동영상

담임 목사

    오늘 하루를 또 선물로 받았네요. 젊은 날에는 무슨 계획을 그렇게 많이 세웠는지요. 다 그대로 된 일이 없네요. 변수를 엮어 놓은 인생으로 사는데 한편 계획대로 되지 않아 다행인 일들도 얼마나 많은지 몰라요. 힘들 때 하는 말이 오늘도 수험생처럼, 하루를 살 뿐이라 했는데 그것이 정답이라고 다시 확인하게 됩니다. 오늘도 이 하루를 잘 살고 내일도 그 하루를 잘 살고…… 하루하루 감사할 뿐이네요. 장로님의 하루도 복된 하루 되시구요. 오늘도 강건하시고, 행복하시구요. 감사합니다. 장로님!

玄愚 화백

    〈매산등의 추억전〉 오프닝 때 두 분이 축하해주시고

장미꽃다발을 안겨주셨는데 그 꽃이 시들기 전에 그림으로 남겨놓고 싶어서 그랬지요. 곁들여졌던 아주 작은 들국화 꽃송이가 인상적이었어요. 두 분의 따뜻한 마음을 오래오래 간직하고 싶은 마음입니다. ^^

玄愚 화백 : 사진

담임 목사

 감사합니다. 장로님! 어느새 또 이렇게 그리셨데요~~ 인생의 소중한 한순간을 사진이 아닌 작품으로 남길 수 있는 행복이 장로님께 있군요. ^^ 어느 예술가가 이렇게 이야기하더라고요. 예술품과 명품의 분명한 차이가 있는데 명품은 중고가 되지만 예술품은 중고가 없고, 명품은 판화처럼 에디션이 있지만, 예술품은 Only One!이다. 예술가들이 긍지를 가졌으면 좋겠다. 세상에 하나. 창조자이신 하나님의 기쁨을 예술가들은 늘 누리는 것 같아요. 귀한 작품의 소재가 된 것만으로 감사하네요. ^^

2024년 7월 24일

玄愚 화백 : 동영상

담임 목사

   더위에 아름다운 꽃을 보니 이 더위가 다른 여러 꽃과 열매를 풍성하게 하리라 생각되니 더위도 고마워집니다. 점심 맛있게 드시구요. ^^

담임 목사

   더우신데 어떻게 지내셨어요. 이제는 태풍 개미가 어떻게 하느냐에 따라서 장마가 곧 끝나고 폭염이 시작된다고 하네요. 더위에 건강 잘 챙기시구요. 어제부터 우리 교회가 후원하는 콩고 이도항 선교사 가족이 와서 함께 하느라 일정이 분주했습니다. 신대원 동기이고 해서 조금 더 신경 쓰게 되었네요. 콩고의 상황을 함께 기도하며 교회에 은혜가 차오르기를 기도합니다. 좋은 저녁 되시구요.

玄愚 화백

   귀한 손님이 오셔서 신경 많이 쓰셔야겠네요. 대학 때

친구를 만나게 되어 얼마나 반가우시겠어요. 어려움을 함께 염려하며 함께 기도하시는 모습 상상하는 것만으로 마음 넉넉해지네요. 무더운 날씨에 건강 조심하세요.

담임 목사

신대원 친구입니다. ^^ 함께 목회적 고민을 하며 목회자 준비를 했는데 저는 기성교회에서 이 친구는 아프리카 콩고에서 선교사로 여기까지 왔네요. 감사합니다.

2024년 7월 30일

玄愚 화백 : 동영상

玄愚 화백

목사님! 몸살은 어떠신지요. 맘 놓고 쉬지도 못하고~~ 계속되는 폭서에 잘 대처하세요. 건강 지켜주시는 주님께 기도합니다. 사랑해요! 목사님. ♡♡

담임 목사

　감사합니다. 장로님! 몸살은 아직 회복 중이네요. 멀리 대부도에 올 일이 있어 왔네요. 양 장로님 심방 왔습니다. 점심 맛있게 드시구요.

玄愚 화백

　몸살은 쉬는 것이 약인데 수고가 많으시네요. 대부도가 어디고 양 장로님 왜 그렇게 먼 곳에 계시는가요. 심방하셨다니까 그분 근황은 어떠신가요. 폭염 중에 건강 조심하시구요.

2024년 8월 1일

玄愚 화백 : 사진 2장

玄愚 화백

　목사님 과로하실까 걱정했었는데 잘 쉬시고 기력 찾으시길 기도합니다!

담임 목사

　장로님! 감사합니다. 기도해 주셔서 큰 은혜를 입고 있습니다. 몸살이 아니라 장염이 왔던 것 같습니다. 초기 치료에 실패해서 꽤 오래 진행되고 있네요. 오늘 모든 것이 다 회복되기를 바라고 잘 쉬고 있습니다. 걱정은 마시구요. 어릴 적 부모님들이 하시는 말씀처럼 아프고 나면 한다고 하지 않습니다. ^^ 조금 더 크겠죠!! 건강 잘 챙기시구요. 감사합니다.

玄愚 화백

　크게 아프지 않았으면 좋겠네요. 여름철에는 음식도 조심해야지요. 오래가지 않았으면 좋겠네요. 치료 잘 받으시구요.

담임 목사

　네 장로님! 감사합니다. 남은 하루도 좋은 시간 되시구요.

2024년 8월 5일

玄愚 화백 : 사진 3장

玄愚 화백

   저의 어머니가 좋아했던 꽃. 아네모네~~. 90을 넘긴 나이에 처음으로 그려본 꽃입니다. 그리도 다양한 꽃을 그려왔는데 오늘에야 엄마 그리운 마음으로 며칠 전부터 그리고 있습니다. 저가 6살 때 뒤뜰에 엄마가 좋아하는 꽃이라고 아버지가 모종을 얻어와 심었던 꽃. 처음에는 이름도 몰랐는데 그 꽃이 '아네모네'였어요. 웃장에서 꽃모종 사다가 심었지요. 엄마를 위해 아버지가 심어줬던 그 꽃을 왜 지금에야 그리고 싶어졌는지? 폭염 속에서도 두 분 건강하세요. ^^

담임 목사

   계절마다 다른 꽃들이 핀다는 것을 알고는 있었지만, 이곳 순천에 와서 더욱 실감이 되고 계절마다 그 꽃들도 보게 되네요. 찾아보니 아네모네는 여름꽃이네요. 이 더위를 품고 아름다움을 내는 대단한 꽃이네요. 부모님 그리운 마음이 어찌 나이와 상관이 있겠습니까? 두 분의 사랑을 변함없이 영원히 간직하고자 작품으로 남기시는 장로님이야말로 이 더위를 효성으로 승화하시는 아네모네시네요. ^^ 장로님! 휴가 다녀오겠습니다. 잘 회복해서 오겠습니다.

玄愚 화백

  나이가 들수록 어린애가 된다더니 그 말이 맞나봐요. 6살 때의 기억이 생생한 것도 신기하고~~ 아버지가 자전거에 태워서 꽤 먼 거리의 어린이집에 보내졌던 취학 전의 일들이 떠올리게 될 때마다 주님의 사랑을 실감하게 됩니다. 목사님의 여름휴가 소식에 유소년 때의 즐거웠던 방학이 생각났네요. 잘 지내시다 더욱 건강한 모습으로 뵙기를 바랍니다. 사모님 장미 소품을 전해드려야 하는데 더위가 누그러지면 연락할게요. 휴가 중에도 주님의 사랑이 충만하시길 기도합니다.

담임 목사

  네 장로님! 방학이네요. ^^ 잘 회복하고 오겠습니다. 정말 덥네요. 폭염에 건강 잘 돌보시구요. 사랑합니다. 존경

합니다. 감사합니다. 장로님! ^^

2024년 8월 15일

玄愚 화백: 사진 3장

담임 목사

할렐루야~!! 아직 더위가 남았지만 그래도 아침에는 제법 선선해진 듯합니다. 더위 잘 이겨내셔서 감사합니다. 광복의 기쁨을 몸으로 직접 겪으셔서 오늘의 대한민국을 보실 때 누구보다 감회와 감격이 새로우실 듯합니다. 광복의 날처럼 매일이 감격과 기쁨이 넘치시기를 기도합니다. 기도 덕분에 휴가 잘 보냈습니다. 감사합니다. 장로님!

玄愚 화백

할렐루야 ~!! 광복 79주년의 아침입니다. 대문밖에 국기를 걸면서 79년 전의 13살 초등학교 6학년의 소년은 여름방학을 보내고 있었습니다. 광복의 기쁨을 알기엔 아직은 어린 소년은 5, 6학년 일인(日人) 담임 선생님과 헤어짐에 감정의 착잡함을 애써 견뎠던 그 날을 기억하고 있습니다. 어디에선가 읽은 칼럼에 "계유생(癸酉生)"이라는 제목의 글이 생각납니다. 계유생(1933년생)은 현대사의 산 증인이라고~~. 짧은 휴가였지만 잘 보내셨다니 감사합니다. 어제 말복이었고 처서도 며칠 남지 않았으니 더위도 한풀 꺾이겠지요. 코로나가 다시 괴롭히기 시작했어요. 과로 피하시고 늘 강녕하세요. 목사님! 사랑해요. ♡♡

담임 목사

　민족의 어려운 시기를 온몸으로 경험하셨네요. 그만큼 울분과 환희의 교차 지점에서 인생의 희로애락의 깊은 경지를 맛보셨기에 누구보다 깊은 예술의 경지에 이르신 것이라 생각됩니다. 더 강건하시고 다가오는 가을에도 좋은 예술의 열매를 거두시기를 기도합니다. 사랑합니다. 존경합니다. 감사합니다.

玄愚 화백

　언제부턴가 한낮의 더위를 피하기 위해 아침 시간에 그림을 그리기 시작했더니 아주 효과가 있었어요. 아내도 아침 시간에는 잘 견뎌줘서 고맙고~~ 무엇보다 큰 도움은 목사님의 사랑이 넘치는 격려 덕분에 잘 헤쳐오고 있습니다. ^^

담임 목사

네 그러셨군요. 아무 흔적 없는 맑은 마음으로 주님을 만나고 작품을 시작할 때 몰입의 깊이가 다를 듯합니다. ^^ 점심 맛있게 드시구요. 밖은 여전히 뜨겁네요. 오후에도 평안한 시간 되세요.

2024년 8월 31일

玄愚 화백 : 사진 2장

담임 목사

나의 일상의 호흡과 지나가는 바람마저 소중하다는 것을 알고 떠남이 아쉽기 전에 이별의 순간 그동안 못 해준 사랑한다 고맙다 하기 전에 평소에 만남을 기뻐하고 사랑한다 고맙다 고백한다면 참으로 "잘~ 살았다." 하겠습니다. 장로님! 사랑합니다. 감사합니다. 존경합니다. 고맙습니다. 이제 아침에는 제법 시원합니다. 작품 활동에 탄력이 붙으시고 즐거움으로 하루가 시작되시길 기도합니다. 샬롬~!

玄愚 화백

  여름에는 덥다고 힘들어하고 겨울에는 춥다고 움츠러들고 덥지도 춥지도 않은 봄가을은 너무 짧아 아쉬워할 틈도 없이 지나가 버리는 한해 한해가 쌓이고 쌓여서 백년을 눈앞에 두고 뭐라고 표현할 말이 떠오르지 않을 때마다 목사님의 편지글이 마음을 가다듬게 합니다. 지루하고도 길었던 8월 마지막 날 홍수처럼 쏟아져 온 가을 작품전이 5차례나 기다리고 있네요. 사양할까 거절할까 망설이다가 아직은 화필 든 손에 힘이 남은 걸 보여주자는 오기가 생겨 모두 참여하기로 승낙하고 말았지요. 노욕(老慾)의 추함이 먼지만큼이라도 비치지 않도록 힘써야 할 숙제를 안고서~~ 목사님의 기도가 큰 힘이 될 것이라고 혼자서 방패 삼아 해보려고 합니다. 저의 방패 되신 목사님! 샬롬 ~~!

담임 목사

　와~~ 대단하십니다. 작품전이 5번이니 있다니 어떤 젊은이보다 더한 활동력을 보여주고 계시네요. 젊음은 육체의 일이 아니라 열정의 정도요 장로님은 청춘이십니다. 건강 해치지 않게 잘되어지시기를 기도합니다. 주말도 행복하시구요. 아직도 코로나 시절이니 조심하시구요. 샬롬~!!

2024년 9월 7일

玄愚 화백 : 동영상

담임 목사

　어제 비가 와서 그런지 습하기도 하지만 점점 기온이 낮아지는 것 같습니다. 가을의 소식은 장로님으로부터 더 진하고 실감 나게 접하는 것 같습니다. 주말 평안하시고 은혜 가득하시기를 기도합니다.

玄愚 화백

　계절이 바뀌어도 계절을 담은 음악을 여유롭게 감상할

잠시의 틈도 없이 애쓰시는 목사님을 생각하면 뭔가 도움이 될 만한 일이 없을까 아무리 생각해도 한번 녹슬어 버린 지혜로는 속수무책이네요. 주변에 감기와 코로나로 고생하는 분들이 한둘이 아닙니다. 늘 평안하세요!

담임 목사

장로님께서 건강하게 곁에 계시는 것만으로 제겐 힘이요 위로입니다.

2024년 9월 12일

玄愚 화백 : 사진

담임 목사

이제 봅니다. 식사 잘 하셨어요? ^^ 권사님 챙기시는 모습이 눈에 선합니다. 그림 받고 제 아내가 너무 감사해하네요. 딸을 보는 것처럼 흐뭇하게 보며 힘내겠습니다. 오후도 평안하시구요.

玄愚 화백

　　교역자의 내조 역할로 심신의 고달픔에 조금이라도 위안이 되시길 바랄뿐입니다. 오늘은 고교 시절 제자 형제가 50년 만에 찾아왔어요. 어려웠던 시절 선생으로서 정말로 작은 도움을 준 것이 입지적 성공자로서 추앙받기까지의 다큐멘터리 영화의 주인공이 된 형제와 셋이서 뜨겁게 포옹하면서 긴긴 얘기를 눈시울을 적시면서 감동했던 2시간을 겪었더니 멍해져 버렸지요. 멋있는 하루였어요. 이 밤 두 분 평안하세요. ^^

담임 목사

　　그러셨군요. 장로님이 심으신 한 알의 밀알이 100배의 결실을 거두었네요. 오늘의 감동이 당분간 계속되어지시기를 바랍니다. 그 즐거움에 깊고 행복한 단잠 주무시기를 기도합니다. 소식 감사합니다. 다음에 이야기해 주세요. ^^

玄愚 화백

　　넵!

2024년 9월 14일

玄愚 화백 : 사진

담임 목사

 장로님! 감사합니다. 지금까지 강건하게 부족한 종에게 매일 문자 주시고 자식 같은 작품도 주시고 사랑과 애정을 쏟아주셔서 올 한해도 잘 버틴 것 같습니다. 보이지 않지만, 하루하루 주신 격려와 사랑이 소복이 쌓여 저희 목회와 인생에 버팀목이 되고 거름이 되고 장로님보다 못하겠지만 그래도 장로님 뒤는 따라가지 않겠나 싶습니다. 추석 명절 행복하시고 풍성한 가을 되세요.

玄愚 화백

 과분한 말씀입니다. 어른이 어른 노릇 못하고 목사님의 사랑만 염치없이 받고만 있네요. 목사님의 기도로 저희 부부 큰 병 없이 요양원 신세 안 지고 하고 싶은 일 하면서 황금 같은 귀한 하루하루를 뜻있게 보내고 있어요. 허락받은 시간만큼 최선을 다할 뿐입니다. 이 모든 것이 기적이 아닌가 여기면서 또 한 알의 열매를 거두기 위해

정성을 다하고 있지요. 이 모든 일들이 오직 목사님의 사랑의 기도로 이뤄진 것이라 생각하면서 늘 감사하고 있습니다. 풍성하고 행복한 추석 명절 보내셔요.

담임 목사

감사합니다. 장로님! 주말 은혜 가득하시기를 기도합니다.

2024년 10월 4일

玄愚 화백 : 사진

담임 목사

어제는 비가 오더니 오늘은 더 맑은 날이 되었네요. 짧은 가을이기에 오늘 하루도 더 깊은 가을을 누리시기를 바라봅니다. 오늘도 평안하시구요. 감사합니다. 장로님!

玄愚 화백

어제는 큰 행사 치르시느라 애 많이 쓰셨네요. 대현로 표지석 제막식에 제자도 잠깐 다녀갔다고 소식 전해 들었어요. 그 행사를 준비했던 사위의 얘기에 의하면 오랫동안 모교의 숙원이었던 국유지를 사들였다고 하네요. 모교를 사랑하는 마음이 쉽게 할 수 없는 일을 해낼 수 있어서 감격스러워요. 사랑하는 마음! 그 마음을 저희 부부에게 부어 주시는 목사님이 곁에 계셔서 지금까지 기적처럼 살아가고 있습니다. 힘들어도 사랑의 힘으로 이겨내려는 저희에게 응원의 기도를 부탁드립니다. 오늘도 은혜가 넘치는 하루가 되시길 기도합니다.

담임 목사

제가 장로님께 힘을 드리기보다 장로님께서 매일 저에게 힘을 주시고 계십니다. 매일처럼 안부를 물어 주시고 좋은 글을 보내주시니 저도 하루하루 귀한 하루로 살아가고 있네요. 매산의 날, 체육대회 설교라고 했는데 미션스쿨이지만 졸업자들에게는 별반 신앙이라는 의미가 그렇게 크지 않은 듯합니다. 체육대회여서인지 설교 자체가 쉽지 않은 분위기였구요. 5분 안에 끝냈는데 다른 순서를 맡은 귀빈들이 짧은 인사만 해서 제가 가장 길게 말한 사람이 되었네요. 그러나 그럴지라도 예배의 자리를 확보해야 한다는 분들의 의견이 받아들여져 오랜만에 설교하게 된 체육대회가 되었습니다. 기도해주셔서 감사합니다. 어제 제자분도 귀빈석에 앉으셨는데 제가 아는 척할 수 있는 자리는 아니었네요. 귀한 일 하게 된 것이 장로님 덕임을 생각하며 마음이 흐뭇했습니다. 오늘도 이미 좋은 날이네요. 감사와 기쁨의 하루가 될 줄 믿습니다. 사랑합니다. 감사합니다. 존경합니다. 장로님

2024년 10월 9일

玄愚 화백 : 사진 2장

담임 목사

샬롬~! 장로님! 귀한 날, 맑은 하늘처럼 맑은 일, 좋은 일들만 가득하기를 기도합니다. 모든 언어가 그렇지만, 한글은 정말 대단한 발명품이라 생각됩니다. 그런 조상이 있고, 그 글을 사용하고 있는 대한민국은 복 받은 나라임이 틀림없습니다. 나라에 대한 자부심을 가지고 살아야 하는데 점점 국가에 대한 마음이 작아지니 나라의 미래가 걱정되네요. 나라를 위한 기도가 절로 됩니다. 어

려운 시대에 나라를 지켜내시고 인생으로 나라를 채워 주신 장로님! 감사합니다. 오늘 하루도 복된 하루 되세요. 사랑합니다. 존경합니다. 축복합니다.

玄愚 화백

    고맙습니다. 목사님! 10월에 들어서면서 매일 치러지는 전시회의 오프닝 행사에 초대되지만, 날이 갈수록 아내의 돌봄의 손길이 자꾸만 분주해져서 난처한 나날입니다. 암보다 무서운 것이 '인지'증이라더니 그렇게도 매사에 철두철미 실수한 적이 없던 사람이 자기의 증세도 모르고 자기 약도 챙겨 먹지 못하는 모습을 가슴이 아파서 바로 바라보지도 못하는 지경에 이르고 말았습니다. 이런 아내를 두고 어제는 오전에 1시간 저녁때 1시간 급히 참석하여 축사만 하고 들어왔습니다. 나갔다 들어올 때마다 군것질할 것을 달라고 하는 아내를 위해 어느 날부턴가 사탕 몇 개를 늘 호주머니에 넣어 다니는 버릇이 생겨났지요. 사탕 2알을 손에 쥐어주면 어린아이처럼 즐거워하는 아내가 어찌 그리도 예쁜지요. 날마다 행복한 시간을 주신 하나님께 감사하는 기도를 드리고 있습니다. 이런 행복이 계속 이어지면 얼마나 좋겠어요. 감사할 것이 산더미처럼 많은 나날이 있어서 행복합니다. 목사님! 사랑합니다. 존경합니다. 그리고 행복합니다.

담임 목사

분주함 속에서도 삶의 작은 일들을 행복으로 바꾸어 감사로 고백하시는 장로님의 인품을 닮고 싶습니다. 힘든 상황임에도 부탁해 오는 모든 일들을 마다하지 않으시고 시간을 쪼개가며 섬기시는 모습도 배울 모습입니다. 과정을 감사로 채우시는 분이시니 분주함이 몸에 무리가 되지 않으시겠다 싶으나 컨디션을 잘 조정하셔서 가지신 행복을 잘 이어가시기를 기도합니다. 오늘도 감사가 가득 차오르는 하루되시기를 기원합니다. 샬롬~!

玄愚 화백

이 모든 것이 목사님이 곁에서 응원해주셔서 가능한 거지요 고맙습니다. 목사님!

담임 목사

장로님의 신앙과 인품의 열매입니다. 감사합니다.

2024년 10월 19일

玄愚 화백 : 동영상

담임 목사

좋은 글 감사합니다. 어제는 비가 오더니 오늘은 다시 가을을 누리게 해주네요. 그러나 어제의 비가 있어야 들판의 곡식들도 알알이 잘 익어가겠죠. 현재가 중요한지 알면서도 미래에 대한 불안에 내가 원하는 현재를 만들려고 애를 쓰는 것이 인간의 욕심인 듯합니다. 아무리 그래도 미래는 우리 마음대로 되지 않는데 말입니다. 주신 글처럼 오늘 좋은 것 나누고 현재를 아름답게 살아가는 지혜로 오늘 하루도 살아가겠습니다. 다음 주 24일 정책당회 후 얼굴 한 번 봬요. 주일부터 3일간 부흥사경회가 있는데 말씀으로 은혜 가득한 시간 되도록 기도해주세요. 오늘도 좋은 날 되세요. 바람은 점점 차지네요. 감기 조심하시구요. 사랑합니다. 존경합니다. 축복합니다.

玄愚 화백

언제부턴가 지칠 대로 지친 저의 어두운 삶이 조금씩

밝아지더니 다시 지나온 족적을 되돌아보면서 작은 것 적은 것 하나씩을 제자리에 원상을 닮게 바로잡을 수 있게 도와주신 분! 목사님의 따뜻한 사랑이 있었지요. 늘 밝았던 내 마지막 소망이 무채색으로 변하고 있을 때 하나님이 보내주신 목사님이 곁을 지켜주셨지요. 그때부터 한숨으로 어두웠던 내 주변이 감사와 희망의 밝음으로 기적처럼 바뀌어 갔지요. 한때 놔버렸던 붓을 다시 잡으면서 이젠 생의 마지막을 고운 무지갯빛으로 물들이는데 그제도 어제도 또 오늘도 기쁨과 감사의 마음으로 하루하루를 수놓아 가려고합니다. 정책당회와 부흥사경회가 은혜 넘치는 기쁨으로 열매 맺기를 간절히 기도합니다. 목사님! 사랑해요. 많이많이~~~ ^^

담임 목사

부족한 제가 무얼 얼마큼 장로님께 기쁨이 되겠습니까? 오히려 제가 장로님으로 오늘도 마음을 다잡습니다. 힘드심에도 인생의 무게와 여러 회색빛의 마음까지 긍정으로 묵상으로 사랑으로 작품으로 승화시키는 장로님의 모습에 늘 배움을 갖게 되고 감사하고 존경하게 됩니다. 주님께서 오늘 여기에서 장로님과 그리고 부족한 제게

많은 은혜를 주셨다는 사실만은 분명하네요. 오늘도 좋은 것들만 가슴에 담고 힘겨움 속에서도 은혜를 찾아 누리는 귀한 하루가 되시고 저도 그렇게 살도록 애쓸게요. 늘 강건하세요. 장로님! 사랑합니다.

2024년 11월 2일

玄愚 화백

　어제 답신을 드리지 못했네요. 종일 비가 내렸는데 두 가지 일을 소화시키느라 조금 힘들었지요. 하루 한 가지만 해야 무리가 되지 않음을 뻔히 알면서도 과욕을 부리면 몸에 부담이 되는 걸 느끼면서도~~ 목사님 어제 장례식에 다녀오시면서 마음 아파하시면서 토로하신 한숨을 함께 아파했지요. 비 오는 날의 장례식을 집전하시면서 유족들의 마음을 충분히 위로하지 못한 자괴감에 혼자 아파하는 그 마음을 짐작할 수 있을 것 같아 목회자는 아무나 할 수 있는 일이 아님을 통감해 봅니다. 수고 많았어요. 하루가 멀다고 집전해야 할 그 막중한 일을 감당하셔야겠기에 어떻게 위로를 드려야 할지 모르겠네요.

오늘도 또 어떤 일들이 기다리고 있을지 모르지만, 알게 모르게 지켜주실 주님을 의지하며 우리 함께 기도드려요. 목사님 사랑합니다.

담임 목사

샬롬~! 주님의 은혜가 장로님과 함께하시기를 기도합니다. 비온 뒤라 더 화창한 가을날이네요. 장로님의 하루도 맑고 화창하시기만을 바랍니다. 어제 일이 많으셨군요. 여느 분 같으면 일을 손에 잡지 않을 연세이신데 권사님 돌보시고 작품 활동하시고 후배들 챙기시고 부족한 종까지 돌아보시면서 삶 속에 다가오는 일들을 충실하게 대하시니 힘겨우시기도 하시지만 내가 하나님이어도 장로님께 힘을 더해주고 싶을 것 같습니다. 저의 자괴감은 한편 과욕이나 부족함에서 온 듯합니다. 제가 누구를 얼마나 위로하며 제가 또 얼마나 완벽히 준비된 사람이겠습니까? 그저 할 수 있음만으로 감사하고 제가 못한 위로는 성령께서 해주실 것이라 믿어야 하는데 목사도 믿음이 없어 그렇습니다. ^^ 모든 사역도 그렇습니다. 모든 사역의 주체는 하나님이시오 저는 그 일을 평가할 이유가 없이 오늘도 그저 충실하게 달리면 된다는 것을 다시 떠올리며 장로님의 위로로 힘을 얻고 장로님처럼 신실하게 감당하기를 다 (…)

2024년 11월 3일

玄愚 화백

〈자존심과 자존감 (自尊心과 自尊感. Pride and Dignity)〉 예화

담임 목사

감사합니다. 장로님! 많이 힘드실 텐데 예배드리기 위해서 아침부터 분주하게 움직이시는 모습이 떠오릅니다. 장로님 얼굴 보고 한 주 시작했으니 더 힘차게 한 주 보내야겠네요. 주신 글도 참 의미가 깊습니다. 건강한 자존감으로 살아가기를 힘쓰겠습니다. ^^ 한 주도 평안하세요. 사랑합니다. 장로님!

玄愚 화백

2024년 11월 첫 주! 지금껏 헤아릴 수 없이 많은 설교

를 들었지만 "단풍잎처럼 아름답게" 이렇게 멋스러운 제목의 설교는 들어본 일도 읽어본 일도 없었어요. 오늘만큼은 다소 무리가 되더라도 예배를 드리고 싶어서 저 딴엔 부지런을 떨었지요. 첫 주에 목사님 뵈었으니 어쩐지 한 달 복스러운 일 가득할 것 같습니다. 교회로 들어서는 저를 보고 교통정리하던 집사님이 달려와서 손잡아주고 현관에서 안내 맡은 장로님과 반가운 인사 나누고 예배실에 들어서면서부터는 저 또래의 교우들을 아무리 찾아도 보이질 않아 마음이 허해지려는 것을 겨우 진정시키면서 찬양 소리에 맞춰 손바닥이 아프도록 박수를 쳤지요. 나무가 건강해야 낙엽도 떨칠 수가 있다는 말씀이 오늘따라 노심(老心)에 깊이 박히는지요.

담임 목사

고생하셨습니다. 찬양 인도는 인도여야 하는데 공연이 되어버리니 여러 가지로 고민과 기도가 됩니다. 설교 제목 칭찬해 주시니 감사한대 오늘은 밥보다 죽을 쓴 것 같아서 많이 죄송하네요. 장로님 아시는 분들은 1부 예배를 많이 드리시고 김순영 권사님은 2부 예배를 드리셔서 시간 맞추기가 힘드실 거예요. 격려에 힘을 얻고 더 애써

봐야겠습니다. 좋은 저녁 되시구요. 감사합니다. 장로님!

玄愚 화백

이제 목사님 뵈었으니 힘들어도 견딜 수 있을 것 같습니다. 힘을 더해주신 목사님! 감사합니다.

2024년 11월 6일

담임 목사

장로님! 식사 맛있게 하셨어요? 날씨가 많이 추워졌습니다. 아직 단풍이 깊이 들지 않아 가을을 누리지도 못한 채로 겨울이 벌써 오지 않을까 조바심이 나는 날씨네요. 장로님의 가을은 여유와 풍성함이 있는 가을이 되시기를 바라요. 남은 하루도 평안하시구요. 감사합니다. 장로님!!

玄愚 화백

가을인가 싶더니 겨울이네요. 그래도 한낮은 햇빛이 있어서 지낼 만하네요. 어제는 구례까지 가신 김에 가을

경치라도 보실 건데~~ 저는 어제 CBS에서 작가가 와서 방송 사전 리허설하고 갔어요. 이번 방송의 취지를 잘 몰랐다가 시 당국의 의도가 뭣인 줄 알고 난 뒤에는 정신이 들어 최선을 다해야겠다고 마음먹었지요. 문화예술뿐만 아니라 사회 각 분야의 명인(저는 쑥스럽지만) 7인을 선정 시민들에게 널리 알리는 것이 목적이라네요. 그중의 한 분이 이번에 떡으로 명인이 된 떡집 주인이 전국에서 1등 상을 받은 분도 포함되어 있답니다. 작가 말로는 책으로도 편찬될 거라고 하는데 잘해 낼지 모르겠네요. 목사님이 힘 되어 주실 줄 알고 열심히 해보려고 다짐해 봅니다. 환절기 건강에도 잘 대처하시고 오후 시간도 복된 시간이 되시길 기원합니다. 목사님! 감사합니다.

담임 목사

당연한 일이지만, 축하드려요. 웃장에 떡집 하나가 명인이라는 이름이 붙었던데 그곳이 그곳인가 모르겠네요. 순천의 인물 중의 인물은 당연히 장로님이시죠. ^^ 그런 분과 이렇게 연락을 주고받다니 정말 기적 같은 일이네요. 영광입니다. 장로님! 그렇다고 너무 힘쓰지 마세요. 장로님은 지나가는 말씀으로만 해도 대가의 말이니 그것으로 충분합니다. 너무 많은 힘 빼지 마시구요. 오후도 따뜻하게 보내세요. 사랑합니다. 존경합니다. 감사합니다.

玄愚 화백

옷장의 떡집이 여러 군데인데 어느 곳인지는 모르겠어요. 올가을 다섯 군데 행사가 세 군데 마치고 두 군데 남았어요. 언제나 감사합니다.

담임 목사

고생하셨습니다. 남은 일정도 잘 되실 겁니다. 웃장에 있는 떡집이 최근에 명인 이름표가 붙어있어 그 집 아닌가 싶어서 말씀드린 겁니다. ^^

2024년 11월 9일

玄愚 화백 : 사진

담임 목사

하나님의 은혜가 장로님과 함께하시기를 기도합니다.

가을에 대한 스치는 상념이 장로님의 마음을 애잔하게 함을 느낍니다. 사람은 육체를 가져 오감으로 다가오는 많은 외부 환경에 영향을 받고 그것으로 누리고 느끼고 감성을 깨워 표현하고 예술하며 사는 은혜를 받은 만물의 영장임에 틀림없는 것 같습니다. 하지만 존재 자체가 완전하지 않아 아픔을 느끼고, 어두움을 느끼고, 우울을 느낄 때면 차라리 감각이 없어 통증을 느끼지 못하면 좋겠다 하는 생각도 해봅니다. 그러나 느끼기에 가을의 풍성함도 경험하고 느끼기에 가을의 애잔함도 경험합니다. 아픈 것도, 어두움을 느끼는 것도, 우울해 하는 것도 살아있기 때문이며 살아있다는 증거입니다. 또한 그 느낌도, 경험하는 주체의 생각 경험하는 주체의 감정에 따라 경험의 상념과 해석이 달라지며 결국 경험하는 주체의 의지로 그의 삶의 내용이 달라집니다. 새롭게 피어오르는 봄에도 피어오르지 못한 자신으로 힘들어하는 이 (…)

玄愚 화백

먼저 값없이 늙어가는 한낱 村老가 하나님의 가없는 은혜의 늪에 흠뻑 빠져도 되는지 분에 넘치는 사랑에 순간 숨이 멈출 것 같아요. 나 혼자 누리기에는 너무 호사스러운 행복인 것 같아 미안할 것 같은 마음입니다. 세월의 무게를 감당하기 힘든 시간에 자그마치 67년의 세월을 동고동락해왔던 아내가 육신은 멀쩡한데 인간만의 특권인 사고력이 하루하루 시간의 흐름에 따라 한 조각씩 쪼개져 갈 때 속수무책 지켜만 볼뿐 돌아앉아 눈시울 훔치는 애잔한 어느 날 찾아와 준 목사님! 그때부터 이 사람 내가 끝까지 지켜주자! 다짐한 후로는 그리도 흐리던 마음이 안개 걷힌 하늘처럼 맑아지기 시작했지요. 한때 내던져버렸던 화필을 다시 움켜잡아 보랏빛 연서 쓰는 마음으로 그리기 시작한 그림들 모아 성탄전야까지 가족 친지들과 함께 보고 싶어 될 수 있으면 곱고 밝게 그리고 즐거움도 나누려고 합니다. 목사님은 저에건 탁월한 정신 신경과 전문의입니다. 시시때때로 엄습해오는 비애와 우울감을 감당하기 힘들 때 카톡으로 보내오는 목사님의 위로의 영롱한 글귀.

담임 목사

글을 쓰면서 많이 조심스러웠습니다. 제가 뭐라고 인생의 도서관이신 장로님께 드릴 말씀이 있겠나 싶었습니다. 그런데 역시 장로님이십니다. 부족한 글월을 긍정으로 의

미로 받아주시니 감사합니다. 저도 감정이 어수선한데 저에게 말하는 글이기도 했습니다. 화필에 힘과 즐거움이 더해지기를 기도합니다. 항상 지금 그 순간이 가장 청춘이심에 기쁨을 잃지 않으시기를 바랍니다. 구례 교사 야유회 인사차 방문하고 다시 순천으로 갑니다. 가을 참 바쁘네요. 점심 맛있게 드시구요. 사랑합니다. 장로님!

玄愚 화백

   참 바쁘시네요. 젊어서 다행이라고 생각하세요. 바쁘신 것도 복이라고 생각하시구요. ~^~

담임 목사

   네 장로님! 그러겠습니다. ^^

2024년 11월 19일

玄愚 화백 : 동영상

담임 목사

    이대로 살면 건강을 잃지 않겠네요. 늘 웃고 사랑할 수만 있다면 좋겠습니다. 가을은 가을인가 봅니다. 가을 타는 제가 저물어 가는 가을을 타는 듯합니다. 요즘은 제 목회에 대해서 많은 생각을 하게 됩니다. 제대로 살고 있는지, 목사다운 목사인지, 목회는 잘하고 있는지, 확신 없는 시간들의 쳇바퀴를 돌리고 있는 것처럼 느껴질 때가 많네요. 그래서 웃음이 많이 없어졌어요. 참 죄송한 고백입니다. 이 기회를 통해서 조금 더 단단해지겠죠. 날씨가 많이 쌀쌀해졌습니다. 늘 따뜻하게 보내시구요. 올해 남은 전시회도 멋지게 될 줄 믿습니다. 무리하지 마시구요. 감사합니다. 사랑합니다. 장로님!

玄愚 화백

    카톡으로 보내온 메일대로 살아가려면 오히려 신경 쓰여서 건강을 잃을 것 같이 하던 대로 살아가는 것이 오히려 건강 유지가 되는 것 같아요. 목사님! 너무 완벽하게 목회하시려고 애쓰지 마세요. 지금처럼 하셔도 너무 완벽하고 계셔요. 그 이상 어떻게 합니까. 교회가 생동감이 넘치면 잘하고 계신 거지요. 뜻대로 되는 것이 있다면 그것이 비정상이지요. 사람이기에 더욱 그렇지요. 목사님 너무 정이 많아 가을 타시나 봅니다. 힘내세요. 사랑해요. 목사님! 고마워요.

담임 목사

감사합니다. 장로님! 지난 목회 현장에 이어 이곳에서만 4년이 되어갑니다. 무언가를 하는 것 같으면서도 어떤 맥락으로 하고 있는지가 안개와 같이 흐려서 그저 시간이 지나면 잘되어지겠지 하면서 여기까지 온 것 같습니다. 주님이 인도하셨으니 교회는 그대로 잘 세워지고 있지만, 장기를 두는 사람이 훈수 두는 사람보다 시야가 짧은 것처럼 제가 서 있는 상황들이 잘 보이지 않아 그렇습니다. 이 기회를 통해서 잘 정리해 보도록 하겠습니다. 내가 원하는 대로 하는 것이 목회가 아닐진대 주님이 하실지라도 막연한 항해가 아닌 어디에 서 있고 어디로 가고 있는지를 조금 더 선명하게 알고 싶을 뿐이네요. 항상 격려와 사랑 감사합니다. 남은 하루도 행복한 시간 되시구요. 사랑합니다. 장로님!

2024년 11월 20일

玄愚 화백

    벌써 4년이네요. 세월이 쌓여간다고 세운 목표가 이뤄지는 것은 아니지만 여력이 창창한 목사님의 입장에서는 막연한 항해가 아닌 또렷한 목표로 항해의 현재 위치가 흐릿함이 답답하시겠지요. 고향의 한 세기를 훨씬 넘게 지켜온 모교회를 책임 맡은 중압감이 쉽게 덜어지겠어요. 하루가 다르게 변해가는 삶의 환경이 신앙의 포용력을 난해하게 만들지 않았는가 싶어지네요. 때로는 아날로그의 감성 그대로인 저를 위해 디지털화의 첨단을 직진하셔야 할 목사님께 조금이라도 누가 되어있지는 않은가 싶어지기도 하네요. 가을을 타는 남자는 사려 깊고 사랑 많고 멋진 신사 만나는 사람마다 자랑하고 싶은 목사님! 오늘도 행복하세요.

玄愚 화백 : 동영상

담임 목사

    상황과 환경에 충격을 흡수하는 쿠션이 탄탄할 때는

무슨 일에도 넉넉할 텐데 쿠션이 닳고 닳아 충격이 그대로 올 때도 있어 그렇습니다. 하지만 이런 시간에 주님은 저를 그냥 내버려 두지 않으시고 어떤 경로로든 힘을 주시고 다시 새 쿠션을 갖게 하십니다. 장로님의 격려가 큰 힘이 됩니다. 저도 아날로그에요 장로님! ^^ 아날로그 감성으로 디지털의 옷을 입고 살아가려니 힘든가 봅니다. 그냥 빠르지 않고 불편한 옛날이 그립습니다. 그때의 정서가 서서히 잊혀 감성 없는 기계 같은 마음이니 지쳐가는 것이겠죠. 장로님을 통해 그 감성을 채움 받습니다. 늘 감사합니다. 점심 맛있게 드시구요. 오늘은 은혜로 순간순간 웃을 일들이 많으시기를 기도합니다. 사랑합니다. 존경합니다. 감사합니다. 장로님!

玄愚 화백 : 동영상

담임 목사

　좋은 정보 감사합니다. 장로님! 좋은 밤 되세요.

2024년 11월 26일

玄愚 화백 : 사진

담임 목사

　장로님! 흐린 늦가을 아침이지만 마음만은 맑은 하루 되시구요. 어제 자전거 타고 다녀온 거리가 65킬로미터네요. 역시 고수들과 함께하다 보면 실력이 저절로 올라가는 것 같아요. 그분들은 속도를 늦춰주고 맞추어 주느라 재미가 없으셨을 텐데도 함께 마음을 합쳐주니 감사하더라구요. 그런데, 그런 고수의 손길을 늘 장로님께로부터 받고 있으니 얼마나 감사한지 모릅니다. 하루하루 1년 365일, 계절과 세월의 흐름과 색을 장로님으로부터 선물 받습니다. 떨어지는 낙엽 수만큼 행복한 하루 보내라는 말도 사실 거기까지 생각하지 못하는데요. 삶을 긍정화하고 함께 달리도록 늘 맞추어 주시느라 감사합니다. 오늘도 떨어지는 낙엽 수만큼 행복한 하루 되시구요. ^^

두 분의 대화를 묶으면서

마부작침(磨斧作針)의 자세

지난 2022년 동천변 벚꽃이 몽글몽글 피던 시기였다. 현우(玄愚) 김덕기 화백님을 찾아뵈었다. 계간 《순천문학》 표지에 화사한 장미 그림을 게재할 수 있도록 허락해 주셨고, 인사도 드릴 겸 노 화백의 말씀을 듣고 싶었다. 그때 연세가 아흔이라는 말씀에 깜짝 놀랐다. 그 후 한 달에 한 번 정도 교유하면서 삶과 예술에 대한 말씀을 들으며 각자 미술과 문학이라는 활동 장르가 다르지만, 나에겐 예술의 본질에 대해 사유하게 되는 좋은 기회가 되었다. 그해 가을, 선생님의 전시회 도록에 '예술가로서의 김덕기 선생님'에 대한 짧은 글을 쓰기도 했다.

우연찮게 선생님의 전시회 도록 편집을 도와드리며 대가의 자세를 눈여겨볼 수 있는 행운을 얻었다. 첫째, '한 발만 더, 반 보만 더', 멈추지 않고 앞으로 나아가는 마음이다. '여기까지 하면 됐다'라며 자족에 빠지거나 멈추지 않는다. 바로 그 지점에서 앞으로 더 나갈 방법을 끊임없이 궁구하는 것이다. 예술엔 완성이 없다. 완성을 위해 온몸으로 밀고 나가는 과정이 있을 뿐이다. 선생님의 은근한 미소 뒤엔 철저한 자기와의 싸움이 숨어있다. 둘째, 치밀하고 극세심한 태도로 매사에 임하신다. 어설프게 마무리하지 않는다. 말 그대로 프로이다. 작품의 완성을 위해서는 마부작침(磨斧作針)의 자세를 견지해야 한다는 것을 보여주셨다. 셋째, 예술의 순수성을 믿고 실천한다는 점이다. 예술가들에게 돈이나 명예가 얼마나 독약인지 말씀해 주셨다. 예술의 목적은 이(利)를 탐하는 게 아니라 예술 그 자체라는 선생님의 잠언을 나는 잊지 않으려 한다.

작년에도 선생님과 교유가 계속되면서 다니시던 교회의 담임목사님과 오간 카톡을 우연히 보게 되었다. 내가 산티아고 순례길을 다녀온 후였을 것이다. 상사의 자주 가시는 카페에서 선생님과 믿음에 관한 이야기를 나눌 때였다. 선생님은 교회에 새로 부임하신 담임목사님을 자주 칭찬하셨다. 나는 호기심이 일어 선생님께 카톡을 몇 개 보여 달라며 졸랐고 읽으며 크게 감명을 받았다. 두 분간의 사적인 대화 기록이지만 서로를 배려하고 응원하는 내용은 지금껏 경험해 보지 못한 차원이었다.

몇 달이 흘러 선생님께 권유하기 시작했다. 대화의 주인공이신 두 분이 허락하신다면 다른 이들이 읽고 공유해도 좋을 내용이 너무 많다는 것, 그래서 그 공유의 기회를 꼭 가져보자는 뜻이었다. 구순의 노 화백과 새로 부임한 젊은 담임목사와의 진솔하고 가식적이지 않은 글은 분명히 이 각박하고 쇠처럼 무딘 시대에 사랑의 종을 울려줄 것이라며 강권하다시피 말씀드렸다. 그럼에도 선생님은 우려를 표하셨다. 목회가 얼마나 힘든 일이고 목회자의 마음의 짐이 얼마나 무거운 것부터 시작해 오랫동안 카톡 대화를 주고받는 데 대해 목사님에게 만에 하나라도 피해가 가면 안 된다는.

선생님의 우려에 나 또한 교회를 다니기에 충분히 이해할 수 있었다. 교회는 다양한 직업과 처지와 성격을 가진 사람들이 함께 모이는 곳인 만큼 예상하지 못한 미묘한 갈등이 일어날 수밖에 없다. 선생님은 내 강권에 못

이겨 승낙하시고 한참 지나 목사님께 말씀드렸다고 한다. 그 후 선생님 또한 목사님께 강권하다시피 하셨다는 말씀을 들었다. 목사님께서 고민하셨다고 한다. 세상에 드러낼 만한 내용인가부터 목회자로서 너무 솔직한 고백까지 담겨있다는.

 이 책을 편집하게 된, 굳이 하나의 이유라면, 이 세상과 시대에 따스한 위로와 사랑이 필요한 시기라는 점이다. 예지의 눈빛을 가진 선지자가 후패한 시대를 지적하고 치부를 드러내는 것도 필요하지만 한편으로 한 영혼을 구원하기 위한 주님의 사랑도 이 땅에 있어야 한다.

 두 분의 대화를 편집하면서 일상적인 인사말과 사적인 내용은 제외하였다. 편집한 내용과 이 책의 출간 과정과 결과에서 나타난 실수나 잘못은 편집자에게 오로지 있음을 기억해 주시면 좋겠다.

편집자 박광영